Karl Kraus

Pro domo et mundo

Kraus, Karl: Pro domo et mundo
Hamburg, SEVERUS Verlag 2013

ISBN:978 3-86347-471-3
Druck: SEVERUS Verlag, Hamburg, 2013

Der SEVERUS Verlag ist ein Imprint der Diplomica Verlag GmbH.

Bibliografische Information der Deutschen Nationalbibliothek:
Die Deutsche Nationalbibliothek verzeichnet diese Publikation in der Deutschen Nationalbibliografie; detaillierte bibliografische Daten sind im Internet über http://dnb.d-nb.de abrufbar.

© **SEVERUS Verlag**
http://www.severus-verlag.de, Hamburg 2013
Printed in Germany
Alle Rechte vorbehalten.

Der SEVERUS Verlag übernimmt keine juristische Verantwortung oder irgendeine Haftung für evtl. fehlerhafte Angaben und deren Folgen.

SEVERUS

MIX
Papier aus verantwortungsvollen Quellen
Paper from responsible sources
FSC® C105338

Pro domo et mundo

Von

Karl Kraus

Inhalt

	Seite
I. Vom Weib, von der Moral	1
II. Von der Gesellschaft	19
III. Von Journalisten, Ästheten, Politikern, Psychologen, Dummköpfen und Gelehrten	45
IV. Vom Künstler	75
V. Von zwei Städten	115
VI. Zufälle, Einfälle	131
VII. Pro domo et mundo	147

I
Vom Weib, von der Moral

Das Weib hat einen bedeutenden Augenblick, in welchem das Schicksal, auf den unbedeutendsten Augenblick des Mannes angewiesen zu sein, einen Gesichtsausdruck gewinnen kann, der, entrückt und entsetzt, eine wahrhaft tragische Wonne spiegelt.

*

Und wie sie nun erst alle will, und er keine mehr, dehnt sich die Kluft der Geschlechter, um für so viel Qual und Moral Platz zu machen.

*

Weibeslust liegt neben der männlichen wie ein Epos neben einem Epigramm.

*

Weil beim Mann auf Genuß Verdruß folgen muß, muß folgen, daß beim Weib auf Treue Reue folgt.

*

Damit nicht häßliche Frauen verschmachten müssen, müssen immer um hundert Jahre früher die schönen befriedigt werden.

*

Er ist bescheiden aus tieferen Gründen,
das Gegenteil hat er bei ihr nicht erkannt.
Um seine Zigarre anzuzünden,
entfacht er ihren Höllenbrand.
Das weitere, denkt er, wird sich finden,
so wie es sich seit jeher fand.

*

Hysterie ist der legitime Rest, der vom Weibe bleibt, nachdem männliche Lust ihre Deckung gefunden hat.

*

Einer riet, die Männer sollten nicht, nachdem sie die Frauen genossen haben, ihnen ein verdrossenes Gesicht zeigen. Das ist leicht raten. Als ob mit einer guten Miene der Frau in dieser Lage geholfen wäre! Je besser sie gelaunt bleibt, umso trister wird der Mann, und umgekehrt. Ein Schelm, der mehr gibt als er hat. Was soll man da tun? Jedenfalls keine Taktfrage aufwerfen, sondern fünf traurige Männer hinschicken! Da wird sie schon die Unhöflichkeit nicht merken.

*

Auch die Keuschheit würde lieber zugeben, dich vor zwei Jahren erhört als vor zwanzig abgewiesen zu haben.

*

Bei manchem Frauenzimmer kommt die Entrüstung vor der Zumutung. Wie ungalant, diese nicht einmal nachzuholen!

*

Die Hysterie der Weiber gleicht dem Schimmel, der sich auf Dinge legt, die lange in feuchtem Raum eingesperrt waren: man ist leicht geneigt, ihn für Schnee zu halten.

*

Für die wahren Weiber kommt es in der Kunst wie in der Liebe auf das Stoffliche an.

*

Mit dem Teufel Bekanntschaft machen, ohne in der Hölle zu braten, das paßte so mancher.

*

Auch ein Kind und ein Weib können die Wahrheit sagen. Erst wenn ihre Aussage von andern Kindern und Weibern bestätigt wird, soll man an ihrer Glaubwürdigkeit zu zweifeln beginnen.

*

Weiber sind Grenzfälle.

*

Die Vergeßlichkeit der Frauen wird manchmal von der Diskretion der Männer erschüttert.

*

Die Weiber sind nie bei sich und wollen darum, daß auch die Männer nicht bei sich seien, sondern bei ihnen.

*

Die Frauenseele =
$$\frac{x^2 + \sqrt{31\cdot4 - 20 + 4\cdot6} - (4\times2) + y^2 + 2xy}{(x+y)^2 - 3\cdot8 + 6 - 6\cdot2} - (0\cdot53 + 0\cdot47)$$

*

Es kommt nur darauf an, sich zu konzentrieren, dann findet man das Beste. Man kann aus dem Kaffeesatz weissagen, ja man kann sogar im Anblick einer Frau auf Gedanken kommen.

*

Interessante Frauen haben vor den Frauen voraus, daß sie denken können, was uninteressante Männer vor ihnen gedacht haben.

*

Die Intelligenz eines Weibes mobilisiert alle Laster, die zu weiblicher Anmut versammelt sind.

*

Daß Manneskraft schwindet, ist ein verdrießlicher Zustand. Wehe aber, wenn das Weib an ihm schöpferisch wird!

*

Gott nahm vom Weib die Rippe, baute aus ihr den Mann, blies ihm den lebendigen Odem aus und machte aus ihm einen Erdenkloß.

*

Die Augen der Frau sollen nicht ihre, sondern meine Gedanken spiegeln.

*

Es sollte nur Frauen geben, die den Mann nicht zum Werk lassen, oder solche, denen er das Werk verdankt. Jene, die ihn zum Werk lassen, habe ich im Verdacht, daß sie selbst an einem Werk arbeiten.

*

Das ist der ehrliche Erfolg der Frauenemanzipation, daß man dem Weib, welches sich dem Handwerk eines Journalisten gewachsen zeigt, heutzutag nicht mehr die verdiente Geringschätzung vorenthalten darf.

*

Was tun sie, die weiblichen Mitglieder der Sittlichkeitsvereine? Sie geben sich der Abschaffung der Prostitution hin. Es geht doch um den Brand, auch wenn die Weiber nicht mehr brennen, sondern löschen wollen. Es geht um den Brand!

*

Oft enttäuscht eine in der Nähe. Man fühlt sich hingezogen, weil sie so aussieht, als ob sie Geist hätte, und sie hat ihn.

*

Auch die Wissenschaft befriedigt die Neugierde der Frau. Von Mitwissensdurst getrieben, duldet sie nicht, daß der Mann außer Hauses ein Geheimnis habe. Sie kann es in der Mitwissenschaft gar zum Doktor bringen.

*

Die Sprache entscheidet alles, sogar die Frauenfrage. Daß der Name eines Weibes nicht ohne den Artikel bestehen kann, ist ein Argument, das der Gleichberechtigung widerstreitet. Wenn es in einem Bericht heißt, »Müller« sei für das Wahlrecht der Frauen eingetreten, so kann es sich höchstens um einen Feministen handeln, nicht um eine Frau. Denn selbst die emanzipierteste braucht das Geschlechtswort.

*

Seit einiger Zeit stehen die jungen Weiber und die jungen Schreiber auf hohem Niveau. Das ist das Geheimnis der Pariser Schneider. Aber die Weiber vermögen gerade dadurch, daß nichts dahinter ist, die Phantasie zu beschäftigen. Dagegen kann mir eine Literatur ohne Busen kaum imponieren.

*

Vom Reformkleid ist nur ein Schritt zu der Neuerung, daß die Frauen durch Kiemen atmen.

*

Mädchen — das bedeutet auch eine Insektenlarve.

*

Von einem, der auf die Jungfräulichkeit seiner Angebeteten schwor, fand ich es nicht merkwürdig, daß er sich das einreden ließ, sondern daß er sich das einreden ließ.

*

Es heißt eine Frau prostituieren, wenn man sie dafür bezahlt, daß sie einem das Geld abnimmt.

*

Es gibt Männer, die man mit jeder Frau betrügen könnte.

*

Eifersucht ist ein Hundegebell, das die Diebe anlockt.

*

Wenn Prostitution des Weibes ein Makel ist, so wird er durch das Zuhältertum getilgt. Man sollte bedenken, daß sich manch eine für die Gewinste, die sie erleidet, durch reichlichen Verlust entschädigen kann.

*

Lieben, betrogen werden, eifersüchtig sein — das trifft bald einer. Unbequemer ist der andere Weg: Eifersüchtig sein, betrogen werden und lieben!

*

Solange das Geschlecht des Mannes der Minuend ist und das Geschlecht des Weibes der Subtrahent, geht die Rechnung übel aus: die Welt ist minus unendlich.

*

Der Mann, begrenzt und bedingt, will als erster die unendliche Reihe enden, die dem Weib gewährt ist. Er will öffnen, aber er will auch schließen. Darum jauchzt sie immer dem nächsten als dem Beginn der Unendlichkeit zu. Denn ihr Geschlecht hat mehr Phantasie als sein Geist.

*

Daß sie gesündigt hat, war christlich gehandelt. Aber daß sie mich um die Beichte gebracht hat —!

*

In der erotischen Sprache gibts auch Metaphern. Der Analphabet nennt sie Perversitäten. Er verabscheut den Dichter.

*

Dem Gesunden genügt das Weib. Dem Erotiker genügt der Strumpf, um zum Weib zu kommen. Dem Kranken genügt der Strumpf.

*

Das Geschlecht kann sich mit allem verbinden, was es im Himmel gibt und auch auf Erden. So mit Weihrauch und Achselschweiß, mit der Musik der Sphären und der Werkel, mit einem Verbot und einer Warze, mit der Seele und mit einem Korsett. Diese Verbindungen nennt man Perversitäten. Sie bieten den Vorteil, daß man nur des Teils bedarf, um zum Ganzen zu gelangen.

*

Erotik verhält sich zur Sexualität wie Gewinn zu Verlust.

*

Männliche Phantasie übertrifft alle Wirklichkeit des Weibes, hinter der alle Wirklichkeit des Mannes zurückbleibt. Oder zeitverständlicher gesagt: Der Spekulant überbietet eine Realität, die größer ist als das Kapital.

*

Der Voyeur besteht die Kraftprobe des natürlichen Empfindens; er setzt die Lust, das Weib mit dem Mann zu sehen, gegen den Ekel durch, den Mann mit dem Weib zu sehen.

*

Das Sexuelle ist bloß die Subtraktion zweier Kräfte. Der Voyeur addiert drei.

*

Haut im Kaffee schmeckt nicht gut, wenn sie nicht bestellt ist. Wer das nur einsieht, wird etwa auch über die Perversität nachzudenken beginnen. Er wird zwischen dem Mangel und der Fähigkeit, ihn zu verantworten, unterscheiden und vor dem Wunder staunen, wie ein Strich des Bewußtseins aus jedem Minus ein Plus macht.

*

Es ist notwendig, weibliche Anmut außerhalb der Verwandtschaft zu genießen, weil man nicht dafür gutstehen kann, daß sich nicht plötzlich die Unzulänglichkeit der Züge herausstelle. Ich plage mich und mache die Synthese — da kommt der Vater als Analytiker hinterher!

*

Jeder Erotiker schafft das Weib immer wieder aus der Rippe des Menschen.

*

Nur auf die mittelbare Geistigkeit der Frau kommt es an. Die unmittelbare führt zurück in die Wollust.

*

Das Weib habe so viel Geist, als ein Spiegel Körper hat.

*

Mann und Weib können nicht über dasselbe lachen. Denn sie haben eine Verschiedenheit; und davor können sie nur ernst werden. Wenn zwischen den Geschlechtern Humor frei werden soll, so gehören zwei Weiber und ein Mann dazu. Er möchte sich mit ihnen ergötzen, aber sie ergötzen sich über ihn. Sie verständigen sich gegen ihn, und er versteht die Diebssprache dieses Lachens nicht. Er beginnt sich seiner Nacktheit zu schämen.

*

Der geistige Mann muß einmal zu dem Punkt kommen, wo er es als den Eingriff einer fremden Person in sein Privatleben empfindet und den Wunsch hat, daß sie ihre Neugierde wo anders befriedigen möge.

*

Distichon der Geschlechter
Klein ist der Mann, den ein Weib ausfüllt, doch er kann dadurch wachsen.
Größer geworden, hat er keinen Raum mehr für sie.

*

Der Kopf des Weibes ist bloß der Polster, auf dem ein Kopf ausruht.

*

Entwicklung der Menschheit: Was wirst du durch mich denken? — Was werden Sie von mir denken? (Noch gibt es Hetären und Philosophen.)

*

Die Moral im Geschlechtsleben ist das Auskunftsmittel eines Perserkönigs, der das aufgeregte Meer in Ketten legte.

*

Eine Moral, welche aus der Gelegenheit ein Geheimnis gemacht hat, hat auch aus dem Geheimnis eine Gelegenheit gemacht.

*

Die Moral sagte: Nicht herschauen! Damit war beiden Teilen geholfen.

*

Der christlichen Ethik ist es gelungen, Hetären in Nonnen zu verwandeln. Leider ist es ihr aber auch gelungen, Philosophen in Wüstlinge zu verwandeln. Und gottseidank ist die erste Metamorphose nicht ganz so verläßlich.

*

Die schlecht verdrängte Sexualität hat manchen Haushalt verwirrt; die gut verdrängte aber die Weltordnung.

*

Man muß über die zweitausendjährige Arbeit der Kultur am Weibe nicht traurig werden. Ein bißchen Neugierde macht alles wieder gut.

*

Die Zerstörung Sodoms war ein Exempel. Man wird durch alle Zeiten vor einem Erdbeben Sünden begehen.

*

Daß Hunger und Liebe die Wirtschaft der Welt besorgen, will sie noch immer nicht rückhaltlos zugeben. Denn sie läßt wohl die Köchin das große Wort führen, aber das Freudenmädchen nimmt sie bloß als Aushilfsperson ins Haus.

*

Die Kinder würden es nicht verstehen, warum die Erwachsenen sich gegen die Lust wehren; und die Greise verstehen es wieder nicht.

*

Wenn das Geschlecht nur an der Fortpflanzung beteiligt wäre, so wäre die sexuelle Aufklärung vernünftig. Aber das Geschlecht ist auch an andern Funktionen beteiligt, zum Beispiel an der sexuellen Aufklärung.

*

Der Geschlechtsverkehr kann sich in dieser Gesellschaftsordnung nicht ohne Totschlag abwickeln, genau so wie in diesem Lande der Bahnbetrieb nicht ohne Amtsehrenbeleidigung verläuft. Die Norm dieser verkehrten Welt wäre, daß der Geschlechtsverkehr die Ehre und der Bahnverkehr das Leben bedroht.

*

Die Erotik ist von der Soziologie nicht mehr zu trennen, und also auch nicht von der Ökonomie. In irgendeinem Verhältnis steht die Liebe immer zum Geld. Es muß da sein, gleichgiltig ob man es gibt oder nimmt.

*

Die Moralisten sträuben sich noch immer dagegen, daß der Wert der Frau ihren Preis bestimme. Inzwischen bestimmt längst schon der Preis ihren Wert, und damit wird keine Moral fertig.

*

Wenn man die Sprache eines Landes nicht versteht, so kann es leicht geschehen, daß man einen Strizzi mit einem Othello verwechselt.

*

Neapel ist eine hochmoralische Stadt, in der man tausend Kuppler suchen kann, ehe man eine Hure findet.

*

Als die Wohnungsmieter erfahren hatten, daß die Hausbesitzerin eine Kupplerin sei, wollten sie alle kündigen. Sie blieben aber im Hause, als jene ihnen versicherte, daß sie ihr Geschäft verändert habe und nur mehr Wucher treibe.

*

Wenn sich die Sünde vorwagt, wird sie von der Polizei verboten. Wenn sie sich verkriecht, wird ihr ein Erlaubnisschein erteilt.

*

Der Zuhälter ist das Vollzugsorgan der Un= sittlichkeit. Das Vollzugsorgan der Sittlichkeit ist der Erpresser.

*

Moral ist die Tendenz, das Bad mit dem Kinde auszuschütten.

*

Die Liebe der Geschlechter ist in der Theo= logie eine Sünde, in der Jurisprudenz ein un= erlaubtes Verständnis, in der Medizin ein mecha=

nischer Insult, und die Philosophie gibt sich mit so etwas überhaupt nicht ab.

*

Wenn die Moral nicht anstieße, würde sie nicht verletzt werden.

*

Wie zuckt und zögert, wie dreht sich die Moral in der Wendung: »Ein Verhältnis, das nicht ohne Folgen blieb«.

*

Auch ohne Warnung fühlt sich der Knabe, der die Wollust schmeckt, ertappt. Da sollte die Moral erschrecken!

*

Der erotische Humor ist nicht Freiheit, sondern Ausgelassenheit, der Beweis der Unfreiheit. Sein Lachen ist nur die Freiheit vom Pathos. Dieser Humor ist der vergebliche Versuch des Mannes, sich über seine berechtigte Traurigkeit hinwegzutäuschen. Ein Humor mit umgedrehtem Spieß. In ihm triumphiert der Mann, der es nicht mehr ist: so weit ist es ein männlicher Humor. Gelegenheit macht Verlegenheit, und der Mann besteht vor dem Weib vermöge seiner Indiskretion. Eros hat vor der Tür des christlichen Geheimnisses geweint und geschwiegen; die drin aber haben gelacht und es weiter erzählt.

*

Wo wir starren, zwinkert die Moral.

*

Eine schöne Welt, in der die Männer die Erfüllung ihres Lieblingswunsches den Frauen zum Vorwurf machen!

*

Die christliche Moral hat es am liebsten, daß die Trauer der Wollust vorangeht und diese ihr dann nicht folgt.

*

Vor Erschaffung der Welt wird das letzte Menschenpaar aus dem Spitalsgarten vertrieben werden.

*

Es muß einmal in der Welt eine unbefleckte Empfängnis der Wollust gegeben haben!

II
Von der Gesellschaft

Die Hand über die Augen — das ist die einzige Tarnkappe dieser entzauberten Welt. Man sieht zwischen den Fingern alle, die sich nähern wollen, und ist geschützt. Denn sie glauben einem das Nachdenken, wenn man die Hand vorhält. Sonst nicht.

*

Es gibt noch Menschen unter uns, die so aussehen, als ob sie eben von der Kreuzigung Christi kämen, und andere, die zu fragen scheinen: Was hat er gesagt? Wieder andere, die es niederschreiben unter dem Titel »Die Vorgänge auf Golgatha«.

*

Welche Plage, dieses Leben in Gesellschaft! Oft ist einer so entgegenkommend, mir ein Feuer anzubieten, und ich muß, um ihm entgegenzukommen, mir eine Zigarette aus der Tasche holen.

*

Ich teile die Leute, die ich nicht grüße, in vier Gruppen ein. Es gibt solche, die ich nicht grüße, um mich nicht zu kompromittieren. Das ist der einfachste Fall. Daneben gibt es solche, die ich nicht grüße, um sie nicht zu kompromittieren. Das erfordert schon eine gewisse Aufmerksamkeit. Dann aber gibt es solche, die ich nicht grüße, um mir bei ihnen nicht zu schaden. Die sind noch schwieriger zu behandeln. Und schließlich gibt es solche, die ich nicht grüße, um mir bei mir nicht zu schaden. Da heißt es besonders aufpassen. Ich habe aber schon eine ziemliche Routine, und in der Art, wie ich nicht grüße, weiß ich jede dieser Nuancen so zum Ausdruck zu bringen, daß keinem ein Unrecht geschieht.

*

Nicht grüßen genügt nicht. Man grüßt auch Leute nicht, die man nicht kennt.

*

Im neuen Leben muß irgendwie ein Mißverhältnis zwischen Angebot und Nachfrage begründet sein. Es wäre sonst nicht möglich, daß so häufig ein sokratisches Gespräch von der Frage unterbrochen wird, ob man eine Zahnbürste kaufen wolle.

*

Es empfiehlt sich, Herren, die das Anbot einer Zigarre mit dem Satz beantworten: »Ich sage nicht nein«, sofort totzuschlagen. Es könnte nämlich sonst der Fall eintreten, daß sie auf die

Frage, wie ihnen eine Frau gefalle, die Antwort geben: »Ich bin kein Kostverächter«.

*

Es berührt wehmütig zu sehen, wie die individuelle Arbeit überall von der maschinellen verdrängt wird. Nur die Defloratoren gehen noch herum, das Haupt erhoben, von ihrer Unersetzlichkeit überzeugt. Genau so haben vor zwanzig Jahren die Fiaker gesprochen.

*

Vor dem Friseur sind alle gleich. Wer zuerst kommt, hat den Vortritt. Du glaubst, ein Herzog sitze vor dir, und wenn der Mantel fällt, erhebt sich ein Schankbursche.

*

Ein Kellner ist ein Mensch, der einen Frack anhat, ohne daß man es merkt. Hinwieder gibt es Menschen, die man für Kellner hält, sobald sie einen Frack anhaben. Der Frack hat also in keinem Fall einen Wert.

*

Wenn einer sich wie ein Vieh benommen hat, sagt er: Man ist doch auch nur ein Mensch! Wenn er aber wie ein Vieh behandelt wird, sagt er: Man ist doch auch ein Mensch!

*

Ich fand irgendwo die Aufschrift: »Man bittet den Ort so zu verlassen, wie man ihn anzutreffen wünscht«. Wenn doch die Erzieher des Lebens nur halb so eindrucksvoll zu den Menschen sprächen wie die Hotelbesitzer!

*

Mit Leuten, die das Wort »effektiv« gebrauchen, verkehre ich in der Tat nicht.

*

Die bürgerliche Gesellschaft teilt sich in solche, denen der Blinddarm schon herausgenommen wurde, und solche, die nicht einmal so viel haben, um den Franz Josefsorden bestreiten zu können.

*

Eine Zigarre, sagte der Altruist, eine Zigarre, mein Lieber, kann ich Ihnen nicht geben. Aber wenn Sie einmal ein Feuer brauchen, kommen Sie nur zu mir; die meine brennt immer.

*

Vornehme Leute demonstrieren nicht gern. Sobald sie sehen, daß einer eine Gemeinheit begeht, fühlen sie sich wohl mit ihm solidarisch, aber nicht alle haben den Mut, es ihn auch wissen zu lassen.

*

Man konnte mit ihm nichts anfangen, weil er selbst etwas war. Er hatte nicht die Geschicklichkeit, die besser ist als das was man ist, weil sie hereinbringt, was man nicht ist.

*

Einem, den das Leben mit Tücken verfolgen mußte, weil es ihm nicht gewachsen war, machten sie einen Vorwurf aus ihrer Gemeinheit.

*

Es gibt Heuchler, die mit einer unehrlichen Gesinnung prahlen, um unter solchem Schein sie zu besitzen.

*

Man sollte die Wohltätigkeit aus Weltanschauung bekämpfen, nicht aus Geiz.

*

Es gibt Menschen, die es zeitlebens einem Bettler nachtragen, daß sie ihm nichts gegeben haben.

*

Eher verzeiht dir einer die Gemeinheit, die er an dir begangen, als die Wohltat, die er von dir empfangen hat.

*

Ich habe es so oft erlebt, daß einer, der meine Meinung teilte, die größere Hälfte für sich behielt, daß ich jetzt gewitzt bin und den Leuten nur noch Gedanken anbiete.

*

Der Ekel findet mich unerträglich. Aber wir werden erst auseinandergehen, wenn auch ich von ihm genug bekomme.

*

Wann wird diese arg verkannte Stadt das Lob endlich verdienen, das sie erntet? Sie hat sich nie zu einem flotten Müßiggang aufgerafft. Sie müßte mit der Unsitte brechen, daß ihre Leute den ganzen lieben Tag spazieren stehen.

*

In der Kunst schätzen sie hierzulande den Betrieb und im Gasthaus die Persönlichkeit.

*

Es paßt mir nicht länger, unter einer Bevölkerung zu leben, die es weiß, daß ich vor zehn Jahren ein Gemüse bestellt habe, das nicht eingebrannt war, und die noch dazu das Gemüse nicht nach mir, sondern mich nach dem Gemüse benennt.

*

Daß der Österreicher gesessen ist, während der Deutsche auch in diesem Zustand nicht müßig war, sondern gesessen hat, bezeichnet den ganzen Unterschied der Temperamente. Jener kennt höchstens eine Bewegung, nämlich die vom Ruhepunkt zurück führt. Er gibt nicht zu, daß ihm der Zopf hinten hängt, sondern »rückwärts«. Er spricht auf der Straßenbahn eigens von einem »rückwärtigen« Wagen statt von einem hintern; weil er eben gebildet ist und sich für verpflichtet hält, selbst auf die ihm geläufigste Ideenverbindung zu verzichten.

*

In Berlin gehen so viele Leute, daß man keinen trifft. In Wien trifft man so viele Leute, daß keiner geht.

*

Was unbedingt in den Wahnsinn treibt, ist der Prospekt einer Stadt, in der jeder Statist zur Vordergrundfigur wird. Hier kann man durch eine Straße kommen, in der einem ein Straßenkehrer den Weg versperrt, und man hat Zeit, seine Züge zu betrachten, bis er den Besen fortgezogen hat. Nichts ist in dieser Straße als der Straßenkehrer, und er wächst riesengroß und steht vor dem Leben. Oder es kann auch ein Platzagent sein. Man sieht ihn täglich, man macht seine Entwicklung mit, man sagt sich: der wird auch schon grau. Ist es nicht tragisch, daß man in dieser Wartezeit bis zum Tod der Banalität noch zusehen muß, wie sie lebt? Hier hat die Komparserie den Dialog übernommen. Kaviarköpfe bekommen ein Antlitz, sind unterscheidbar und drohen den Esser zu verschlingen. Ganz unperspektivisch ist das Leben dieser Stadt gezeichnet, und ihre Figuren sind wie die eines schlechten Witzblattes. Sie stehen, wo sie gehen sollten. Sie gehen, um ihre Stiefel zu zeigen. Die Pferde hängen mit gestreckten Vorderbeinen in der Luft. Einer erzählt lachend einen Witz und wird das Maul nie mehr zumachen. Ein Blumenweib steht zwischen der Unterhaltung. Ein Kutscher weist auf sein Gefährt und hofft durch die Versicherung, daß er einen Fiaker habe, den Passanten schließlich dazuzubringen, sich selbst davon zu überzeugen. Der junge Pollak ist heute schlecht rasiert.

*

Wir müssen, ob wir wollen oder nicht, an der Wiege des Ruhmes stehen, der den Namen eines Gratulanten, eines Kondolenten, eines Anwesenden, eines Abwesenden durch die Welt trägt. Unser Hirn wehrt sich nicht mehr gegen diese fürchterliche Nomenklatur, die der lokale Teil der Zeitungen bedeutet, und schließlich nehmen wir die Grundlosigkeit einer Popularität für jene Tiefe, zu deren Grund man nicht mehr findet. Wien ist der Boden der Persönlichkeiten, die ihre Beliebtheit ihrer Popularität verdanken. Mit einem frohgemuten »Wir kennen uns ja eh'« stellen sie sich uns vor, und es braucht lange Zeit, bis es unsereinem gelingt, sie verkennen zu lernen.

*

Ich würde nicht klagen, wenn man mir das Trinkgeld »abknöpfte«. Peinlich ist nur, daß ich es aus der Tasche holen muß, wenn's regnet, wenn ich nachdenke oder wenn sonst etwas geschieht, was den Werken der Nächstenliebe nicht förderlich ist.

*

Ich habe einen Gedanken gefunden, aber ich muß sieben Kreuzer suchen. Ich verliere den Gedanken, aber ich finde sieben Kreuzer. Schon ist wieder der Gedanke in der Nähe; ich muß ihn nur suchen. Die Amtsperson wartet: ich muß einen Kreuzer suchen. Ich habe ihn schon. Nein, es ist ein Knopf. Teilnehmend steht das Volk. Da ist er wieder weg, der Gedanke. Die Amtsperson ist noch da. Ich soll ihr einen Kreuzer geben, aber ich habe nur einen Gulden. Mein Rock ist offen, das Wetter ist naßkalt, ich stehe in der Zugluft. Ich werde Influenza bekommen und nichts arbeiten können. Ich muß überlegen: soll ich wechseln lassen oder mich konzentrieren? Wenn ich wechseln lasse, so weiß ich, wie das sein wird. Eine schmutzige Hand hält mir die meine, drückt mir das Kupfergeld hinein und streut dann Nickel darüber. Ich schließe den Rock. Jetzt wird gleich der Gedanke wieder da sein. Die Amtsperson wendet sich geringschätzig und tutet. Jetzt ist er weg, der Gedanke.

*

Der Wiener erkannte, daß der Wagentürlaufmacher zwecklos sei. Da erfand er Klinken, mit denen man nicht öffnen kann.

*

Mir träumte, daß ich fürs Vaterland gestorben war. Und schon war ein Sargtürlaufmacher da, der die Hand hinhielt.

*

Es gibt nur eine Möglichkeit, sich vor der Maschine zu retten. Das ist, sie zu benützen. Nur mit dem Auto kommt man zu sich.

*

Der Übel größtes ist der Zwang, an die äußern Dinge des Lebens, die der inneren Kraft dienen sollen, eben diese zu verplempern.

*

Wien: Der Aristokrat ißt Austern, das Volk schaut zu. Berlin: Das Volk schaut nicht zu, wenn der Aristokrat Austern ißt. Aber für alle Fälle, damit dem Aristokraten jede Belästigung erspart und das Volk abgelenkt sei, ißt es auch Austern. Das ist die Demokratie, die ich mit= mache.

*

Menschen, Menschen san mer alle — ist keine Entschuldigung, sondern eine Anmaßung.

*

Ein Volk, welches das Lied: »Schackerl, Schackerl, trau di nöt« singt, hat recht. Das ist in der Tat unheimlich.

*

Als das Pferd auf das Trottoir ging, sagte der Kutscher: »Jung is er halt, er muaß no lernen«. Aber nicht an mir, sagte ich! Als das Pferd auf das Trottoir ging, sagte der Kutscher: »Er is halt scho blind«. Ich möcht nur einmal im Leben an das rechte Pferd geraten!

*

Ich bin bescheiden, ich weiß, mein Leben durchzieht nur die Frage: Fahrn mer Euer Gnaden? Aber es kommt auf die Geistesgegenwart an, mit der ich immer eine neue Antwort finde.

*

Manchmal spüre auch ich etwas wie eine Ahnung von Menschenliebe. Die Sonne lacht, die Welt ist wieder jung, und wenn mich heut einer um Feuer bitten tät, ich bin imstand, ich weiß nicht, ich ließet mich nicht lang bitten, und geberts ihm!

*

Dem Bedürfnis nach Einsamkeit genügt es nicht, daß man an einem Tisch allein sitzt. Es müssen auch leere Sessel herumstehen. Wenn mir der Kellner so einen Sessel wegzieht, auf dem kein Mensch sitzt, verspüre ich eine Leere und es erwacht meine gesellige Natur. Ich kann ohne freie Sessel nicht leben.

*

Die Woche lang mag man sich vor der Welt verschließen. Aber es gibt ein penetrantes Sonntagsgefühl, dem man sich in einem Kellerloch, auf einer Bergspitze, ja selbst in einem Lift nicht entziehen kann.

*

In Österreich lebt sichs wie in der Verwandt-schaft. Sie glauben nicht an das Talent, mit dem sie aufgewachsen sind. Im Österreicher ist ein unzerstörbarer Hang, den für klein zu halten, den man noch gekannt hat, wie er so klein war. Was kann an einem dran sein, den ich persön-lich kenne? denkt der Österreicher. Er hätte recht, wenn er nicht eins übersähe, das freilich so gering ist, daß es sich leicht übersehen läßt: den geringen Gebrauch, den der Andere von der Bekanntschaft macht.

*

In Wien werden die Kinder gepäppelt und die Männer gepeinigt.

*

Eher gewöhnt sich ein Landpferd an ein Auto-mobil, als ein Passant der Ringstraße an mich. Es sind schon viele Unglücksfälle durch Scheu-werden vorgekommen.

*

Blind durch den Kosmos verschlagen, wüßte ich doch sogleich, wo ich stehe, wenn man mir die Aufschrift entgegenhielte: Dreißigjähriges Jubiläum des Hühneraugenoperateurs im Diana-bad.

*

»Geh'ns, seins net fad!« sagt der Wiener zu jedem, der sich in seiner Gesellschaft langweilt

*

Jetzt hab ich den Unterschied: In andern Städten muß man im Wagen sitzen, um ans Ziel zu gelangen. In Wien hat man das Ziel, im Wagen zu sitzen. Es kommt aber auch nicht einmal darauf an, zu fahren, sondern vielmehr zu zeigen, daß man ein Herz fürs Lohnfuhr≈ werk hat.

*

Restaurants sind Gelegenheiten, wo Wirte grüßen, Gäste bestellen und Kellner essen.

*

Die halbe Zeit vergeht im Widerstand, die halbe mit dem Ärger.

*

Wenn ein Denker mit der Aufstellung eines Ideals beginnt, dann fühlt sich jeder gern ge≈ troffen. Ich habe den Untermenschen beschrieben — wer sollte da mitgehen?

*

Ich glaube nicht, daß irgendwann in der Welt eine Fülle schändlicher Taten so viel sittliche Entrüstung ausgelöst hat, wie in der Stadt, in der ich lebe, die Unverkäuflichkeit meines Den≈ kens. Ich sah, wie Menschen, denen ich nie etwas zuleide getan hatte, bei meinem Anblick zerplatzten und sich in die Atome der Weltbanalität auflösten. Das Weib eines Nachtredakteurs bestieg auf einem Bahnhof ein Separatcoupé erster

Klasse, sah mich und starb mit einem Fluch auf
der Lippe. Und dies, weil ich keine Freikarten
auf Bahnen nehme, was doch wahrscheinlich
mein geringster Fehler ist. Leute, denen das
Blut träger fließt, spucken aus, wenn sie meiner
ansichtig werden, und gehen ihrer Wege. Sie
alle sind Märtyrer; sie stehen für die allgemeine
Sache, sie wissen, daß mein Angriff nicht ihrer
Person gilt, sondern ihrer aller Gesamtheit. Es
ist der erste Fall, daß diese lahme Gesellschaft,
die ihre Knochensplitter in der Binde trägt, sich
zu einer Geste aufrafft. Seit Jahrhunderten wurde
nicht gespien, wenn ein Schriftsteller vorbeiging.
Die Humanität läuft in Messina zusammen, die
Dummheit fühlt sich vor der ‚Fackel‘ solidarisch.
Es gibt keine Klassengegensätze, der nationale
Hader schweigt, und der Verein zur Abwehr des
Antisemitismus kann beim Sprechen die Hände
in den Schoß legen. Ich sitze im Wirtshaus:
rechts ein Stammtisch von schlecht angezogenen
Leuten, die in der Nase bohren, also offenbar
deutschvolkliche Abgeordnete sind; links wilde
Männer mit schwarzen Umhängebärten, die so
aussehen, als ob der Glaube an den Ritualmord
doch eine Spur von Berechtigung hätte, die aber
bestimmt bloß Sozialpolitiker sind und nur nach
Schächterart das Messer durch den Mund ziehen.
Zwei Welten, zwischen denen es scheinbar keine
Verständigung gibt. Wotan und Jehova werfen
einander feindliche Blicke zu, — aber die Strahlen

ihres Hasses treffen sich in meiner Wenigkeit. Daß eine österreichische Regierung noch nicht auf die Idee verfallen ist, mich als ihr Programm zu reklamieren, läßt sich nur aus der prinzipiellen Ratlosigkeit der österreichischen Regierungen erklären.

*

Was mich zum Fluch der Gesellschaft macht, an deren Rain ich lebe, ist die Plötzlichkeit, mit der sich Renommeen, Charaktere, Gehirne vor mir enthüllen, ohne daß ich sie entlarven muß. Jahrelang trägt einer an seiner Bedeutung, bis ich ihn in einem unvorhergesehenen Augenblick entlaste. Ich lasse mich täuschen, solange ich will. Menschen zu »durchschauen« ist nicht meine Sache, und ich stelle mich gar nicht darauf ein. Aber eines Tages greift sich der Nachbar an die Stirn, weiß, wer er ist, und haßt mich. Die Schwäche flieht vor mir und sagt, ich sei unbeständig. Ich lasse die Gemütlichkeit gewähren, weil sie mir nicht schaden kann; einmal, wenns um ein Ja oder Nein geht, wird sie von selbst kaputt. Ich brauche nur irgendwann Recht zu haben, etwas zu tun, was nach Charakter riecht, oder mich sonstwie verdächtig zu machen: und automatisch offenbart sich die Gesinnung. Wenn es wahr ist, daß schlechte Beispiele gute Sitten verderben, so gilt das in noch viel höherem Maße von den guten Beispielen. Jeder, der die Kraft hat, Beispiel zu sein, bringt seine Umgebung aus der Form, und die guten Sitten, die den Lebensinhalt der schlechten Gesellschaft bilden, sind immer in Gefahr, verdorben zu werden. Die Ledernheit läßt sich mein Temperament gefallen, solange es in akademischen Grenzen bleibt; bewähre ich es aber in einer Tat, so wird sie scheu und geht mir durch. Ich halte es viel länger mit der Langweile aus, als sie mit mir. Man sagt, ich sei unduldsam. Das Gegenteil ist der Fall. Ich kann mit den ödesten Leuten verkehren, ohne daß ich es spüre. Ich bin so sehr in jedem Augenblick mit mir selbst beschäftigt, daß mir kein Gespräch etwas anhaben kann. Die Geselligkeit ist für die meisten ein Vollbad, in dem sie mit dem Kopf untertauchen; mir benetzt sie kaum den Fuß. Keine Anekdote, keine Reiseerinnerung, keine Gabe aus dem Schatzkästlein des Wissens, kurz, was die Leute so als den Inbegriff der Unterhaltung verstehen, vermöchte mich in meiner inneren Tätigkeit aufzuhalten. Schöpferische Kraft hat der Impotenz noch allezeit mehr Unbehagen bereitet, als diese ihr. Daraus erklärt sich, daß meine Gesellschaft so vielen Leuten unerträglich wird, und daß sie nur aus einer übel angebrachten Höflichkeit an meiner Seite ausharren. Es wäre mir ein leichtes, solchen, die immerfort angeregt werden müssen, um sich zu unterhalten, entgegenzukommen. So ungebildet ich bin und so wahr ich von Astronomie, Kontrapunkt und Buddhismus weniger verstehe als ein neugeborenes Kind, so wäre ich doch wohl imstande, durch geschickt eingeworfene Fragen ein Interesse zu heucheln und eine oberflächliche Kennerschaft zu bewähren, die den Polyhistor mehr freut als ein Fachwissen, das ihn beschämen könnte. Aber ich, der in seinem ganzen Leben Bedürfnissen, die er nicht als geistfördernd erkennt, noch keinen Schritt entgegen getan hat, erweise mich in solchen Situationen als vollendeten Flegel. Und nicht etwa als Flegel, der gähnt — das wäre menschlich —, nein, als Flegel, der denkt! Dabei verschmähe ich es, von meinen eigenen Gaben dem Darbenden mitzuteilen, der vor seinen Lesefrüchten Tantalusqualen leidet und in den egyptischen Kornkammern des Wissens verhungern muß. Hartherzig bis zur Versteinerung, mache ich sogar schlechtere Witze als mir einfallen, und verrate nichts von dem, was ich mir so zwischen zwei Kaffeeschlucken in mein Notizbuch schreibe. Einmal, in einem unbewachten Moment, wenn mir gerade nichts einfallen wird und Gefahr besteht, daß die Geselligkeit in mein Gehirn dringt, werde ich mich erschießen.

*

Unsereiner soll weniger auf die Ehre als auf die Perspektive bedacht sein, darf der Beschmutzung nicht das Ansehen feindlicher Berührung geben und hat höchstens das Recht, der Gemeinheit eine Erkenntnis abzugewinnen.

*

Meine Feinde sind seit zehn Jahren auf der Motivensuche. Entweder handle ich so, weil ich das Butterbrot nicht bekam, oder wiewohl ich es bekommen habe. Daß ein Butterbrot mitspielt, darüber herrscht kein Zweifel; nur bleibt zwischen Rachsucht und Undankbarkeit die Wahl. Daß eine Tat nicht aus beiden Motiven zugleich entspringen kann, bereitet meinen Feinden große Unbequemlichkeit. Aber wie gern gebe ich beide auf einmal zu, wenn ich damit nur der niederschmetternden Frage entrinne, die das Wohlwollen an mich richtet: »Sagen Sie mir, ich bitt' Sie, was haben Sie gegen den Benedikt?«

*

Die Welt der Beziehungen, in der ein Gruß stärker ist als ein Glaube und in der man sich des Feindes versichert, wenn man seine Hand erwischt, hält die Abkehr von ihrem System für Berechnung, und wenn sie den Herkules nicht geradezu verachtet, weil er sich und dreitausend Rindern das Leben schwer macht, so forscht sie nach seinen Motiven und fragt: Was haben Sie gegen den Augias?

*

Etwas Wahres ist immer dran. Ich sei, heißt es, einmal Monist gewesen. Ich habe wirklich

einmal etwas gegen den Monismus geschrieben.
Ich sei, heißt es, nicht in jene Zeitung gekommen,
die ich später bekämpft habe. Ich habe wirklich
ihren Antrag abgelehnt. Ich soll mich einem
Einflußreichen in einem Brief angebiedert haben.
Ich habe wirklich einen solchen Brief von ihm
bekommen. Kurzum, etwas Wahres ist immer
dran.

*

Die Art, wie sich die Leute gegen mich
wehren, beweist so sehr die Berechtigung meines
Angriffs, daß ich immer bedaure, die Abwehr
nicht vorher gekannt zu haben, weil ich sie sonst
als stärkstes Motiv in den Angriff einbezogen
hätte. Ein Philosoph, den ich als Kommi- ent-
larvt hatte, sagte: »Das tat er nur, weil ich an
seiner Zeitschrift nicht mitarbeiten wollte«; als
Privatdozent habe er eine solche Zumutung ab-
lehnen müssen. Nun erinnere ich mich zwar
nicht, ihn eingeladen zu haben. Tat ich's, so
muß es vor seiner Habilitierung gewesen sein,
und er wollte dann wohl sagen, mit dem Wunsch,
Privatdozent zu werden, habe er ablehnen müssen.
Weiß ich so etwas, so beschleunigt es die Er-
kenntnis und ich nehm's in das Urteil auf. Denn
meine Angriffe tragen ihr Motiv an der Stirne.
Indem jener mir aber das der Rache unterschiebt,
lügt er, um sich einer Gesinnung zu beschuldigen,
die schlimmer ist als meine Rache. Und handelt
überdies unlogisch, weil die Frage offen bleibt,

wie es denn möglich ist, daß ich bei solchem Aufwand an Selbstsucht und Berechnung und bei solchem Vorwand von geistigem Streben nicht längst Privatdozent geworden bin. Wenn ich das wäre, was sie sagen, wäre ich doch längst, was sie sind! Sooft mir also einer, den ich einen schlechten Kerl genannt habe, antwortet, kann ich immer nur bekennen: Daß er ein so schlechter Kerl ist, hätte ich doch nicht gedacht!

*

Mancher, den ich nie kennen gelernt habe, grüßt mich, wobei er hofft, ich würde nach so langer Zeit schon vergessen haben, daß ich ihn nie kennen gelernt habe, und den neuen Bekannten als alten Bekannten zurück grüßen. Nun weiß ich zwar nicht genau, wen ich kenne; aber ich weiß ganz genau, wen ich nicht kenne. Da ist jeder Irrtum ausgeschlossen. Sollte es doch einmal passieren, so erinnert mich rechtzeitig der Gruß, daß ich den Mann nicht kenne, und ich merke mir ihn dann bis ans Ende meiner Tage. Wer ist das, der Sie soeben — fragt ein alter Bekannter. Den kennen Sie nicht? Das ist doch der, der geglaubt hat, daß ich vergessen habe, daß ich ihn nicht kenne!

*

Eine Infamie so ein Gruß. Der Kerl hält mich für einen Erpresser und glaubt, es gehe ihm an den Kragen, wenn er den Hut nicht zieht.

Aber noch verletzender als die ethische ist die literarische Wertung, die sich darin ausspricht. Die Leute könnten doch längst beruhigt sein und wissen, daß ich nicht mehr schaden kann; daß ich in das soziale Getriebe nicht mehr eingreife, sondern vom sozialen Getriebe nur nicht belästigt sein will. Wenn ich solch ein Individuum einmal nenne, so geschieht es doch wirklich nur, weil der Name ein Humorelement ist. Das sollte es sich sagen und die etwa eintretende Verstimmung durch eine ostentative Verweigerung des Grußes bekunden. (Das gilt für Schauspieler und kaiserliche Räte. Kellner grüßen aus andern Motiven.)

*

Ich kann mir denken, daß eine häßliche Frau, die in den Spiegel schaut, der Überzeugung ist, das Spiegelbild sei häßlich, nicht sie selbst. So sieht die Gesellschaft ihre Gemeinheit in einem Spiegel und glaubt aus Dummheit, daß ich der gemeine Kerl bin.

*

Das Wiener Leben ist schön. Den ganzen Tag spielt eine Flöte auf mir.

*

Es liegt nahe, für ein Vaterland zu sterben, in welchem man nicht leben kann. Aber da würde ich als Patriot den Selbstmord einer Niederlage vorziehen.

*

Sollte man, bangend in der Schlachtordnung des bürgerlichen Lebens, nicht die Gelegenheit ergreifen und in den Krieg desertieren?

*

Schlechte Kunst und schlechtes Leben beweisen sich an einer gräßlichen Identität. Sie glotzt uns mit der Unbeweglichkeit jener Dilettantereien an, die heute in Witzblatt und Operette so gesucht sind, weil sie die Agnoszierung des Lebens erleichtern. Gesichter, wie erstarrte Mehlspeisen, die immer da sind und in der unabänderlichen Folge von Linzer, Sacher, Pischingertorten, Engländer, Anisscharten und Wienertascherl sich anbieten. Pferde in Karriere, die aus einem Ringelspiel ausgebrochen scheinen. Automobile im rasenden Tempo der Panne. Fußgeher, die keinen Boden unter den Füßen haben. Ballons, die nicht steigen, Steine, die nicht fallen. Ein Leben, welches lebende Bilder stellt und so auf den Photographen vorbereitet ist, daß es sich in der Kunst nicht wiedererkennen würde und nur den Dilettanten, der ihm die Identität koloriert, für den wahren Künstler hält. Und es ist dann auch wahr geworden, daß er die Kultur seiner Zone stärker zum Ausdruck bringt als der Künstler, der ihr Elend in Lust umsetzt. Und so stark ist die Wirkung dieser unmittelbar aus dem Bett in den luftleeren Raum gestellten Menschheit von

Hausmeistern, Infanteristen und Magistrats=
beamten, daß sie mit der Verdoppelung dieses
Lebens auch den Lebensüberdruß verdoppelt.

*

Ich fürchte mich vor den Leibern, die mir
erscheinen.

*

Ich kehre spät aus Berlin zurück. Zehnmal
bin ich auf dem Anhalter Bahnhof gewesen.
Aber wie eine unsichtbare Hand hielt mich
immer im letzten Augenblick der Gedanke an
den Nordwestbahnhof zurück und an das unent=
wirrbare Chaos der drei Einspänner. Mit einem
von den dreien werde ich es zu tun bekommen,
er wird mein Leben drosseln, er bringt mich nicht
ans Ziel. Noch geht die Fahrt durch Böhmen,
aber dann, wenn ich ankomme, werde ich die
Sprache überhaupt nicht mehr verstehen. Ich
fühle, daß ich die Furcht vor etwas nach der
Ankunft, vor der Taxe mit Zuschlag für Gepäck
und für den zweiten Bezirk und weil's ein Bahn=
hof ist und weil m'r in Wien san, den Über=
mut der Ämter und die Schmach, die Unwert
schweigendem Verdienst erweist, nicht ertragen
werde. Auch wollte ich die Entwicklung in
jenen Ländern, deren historische Bedeutung es
ist, ein zuverlässiges Bollwerk gegen die Türken=
gefahr und den Schauplatz des Kampfes der
Statthalterei um den Taxameter zu bilden,

abwarten. Inzwischen könnte ja am Wiener Hofe die Friedenspartei gesiegt haben und alles wäre wieder gut ... Das ging mir durch den Kopf, während ich durch die Nacht fuhr. »Gib mir ein Zeichen, Schicksal! Der soll's sein, der an dem nächsten Morgen mir zuerst entgegenkommt mit einem Liebeszeichen!« Bestimme, Schicksal, mir das erste Wort, das ich auf Wiener Boden höre, zur Parole meiner Lebenslaune! Wenns aber jenes wäre, das ich so oft schon gehört? Ist es unentrinnbar? Ich bin da: ... »Ochtanfuchzigaaa!« »Ah woos, lekmimoasch...«

*

Alle Geräusche der Zeitlichkeit seien in meinem Stil gefangen. Das mache ihn den Zeitgenossen zum Verdruß. Aber Spätere mögen ihn wie eine Muschel ans Ohr halten, in der ein Ozean von Schlamm musiziert.

*

Vorschläge, um mich dieser Stadt wieder zu gewinnen: Änderung des Dialekts und Verbot der Fortpflanzung.

*

Ich verlange von einer Stadt, in der ich leben soll: Asphalt, Straßenspülung, Haustorschlüssel, Luftheizung, Warmwasserleitung. Gemütlich bin ich selbst.

III
Von Journalisten, Ästheten, Politikern, Psychologen, Dummköpfen und Gelehrten

Warum hat sich die Ewigkeit diese Miß=
geburt von Zeit nicht abtreiben lassen! Ihr
Muttermal ist ein Zeitungsstempel, ihr Kinds=
pech Druckerschwärze und in ihren Adern fließt
Tinte.

*

»Mit deinen Augen wirst du es sehen, aber
du wirst nicht davon essen«. Den Ungläubigen
von heute hat es sich anders erfüllt. Sie essen,
was sie nicht zu sehen bekommen. Das ist ein
Wunder allerwärts, wo das Leben aus zweiter
Hand gelebt wird: an Pharisäern und Schrift=
gelehrten.

*

Das Zeitalter gebärdet sich so, als ob
es von der Entwicklung zwar überzeugt, aber
durch Vollkommenheit verhindert wäre, sich
an ihr persönlich zu beteiligen. Seine Dauer=
haftigkeit steht in einem Garantieschein, der
dem Mechaniker eine schwere Verantwortung
auferlegt, aber sie dauert sicher so lang, wie der

Garantieschein. Immerhin ist es möglich, daß die Steinzeit und die Bronzezeit noch dauerhafter waren als die Papierzeit.

*

Wenn sich ein Schneider in den Wind begibt, muß er das Bügeleisen in die Tasche stecken. Wer nicht Persönlichkeit hat, muß Gewicht haben. Es ist aber von geringem Vorteil, daß sich der Schneider den Bauch wattiert und der Journalist sich mit fremden Ideen ausstopft. Zu jenem gehört ein Bügeleisen, und dieser muß sich des Philisteriums nicht schämen, das ihn allein noch auf zwei Beinen erhält. Sie glauben aber, dem Wind zu begegnen, indem sie Wind machen.

*

Was hat Sprung ohne Ursprung? Was ist haltloser und ungreifbarer, grundloser und unberechenbarer als das Gerücht? Die Zeitung. Sie ist der Trichter für den Schall.

*

Die Finnen sagen: Ohne uns gäb's keinen Schinken!

Die Journalisten sagen: Ohne uns gäb's keine Kultur!

Die Maden sagen: Ohne uns gäb's keinen Leichnam!

*

Keinen Gedanken haben und ihn ausdrücken können — das macht den Journalisten.

*

Journalisten schreiben, weil sie nichts zu sagen haben, und haben etwas zu sagen, weil sie schreiben.

*

Der Maler hat es mit dem Anstreicher gemeinsam, daß er sich die Hände schmutzig macht. Eben dies unterscheidet den Schriftsteller vom Journalisten.

*

Daß sich kürzlich der Ästhet zur Politik hingezogen fühlte, kann schon darum keine tieferen Ursachen haben, weil der Ästhet so wenig tiefere Ursachen hat wie die Politik. Und darum eben finden sie sich. Das Leben der Linie beneidet das Leben der Fläche, weil es breiter ist. Auch könnte der Ästhet an der Partei die Farbe schätzen gelernt haben. Eine Trikolore gar: da schau' ich! Es ist, als ob man die Schönheit einer Jakobinermütze bisher nicht genügend gewürdigt hätte — so demokratisch gebärden sich jetzt die Allerfeinsten. Sie bekennen Farbe, weils eine Farbe ist. Sie haben auf die Welt verzichtet, weil es eine Geste war, auf die Welt zu verzichten; jetzt suchen sie zu einer Geste die Welt. Sie brennen vor Begier, sich mit einem Zeitungsartikel ans Vaterland, an den

Staat, an das Volk oder an irgendetwas anzu=
schließen, was schlecht riecht, aber dauerhafter
ist als die Schönheit, für die man sich vergebens
geopfert hat. Man will nicht mehr müßig im
Winkel stehen, man durstet nach den Taten der
Andern. Das ist ein Zirkusschauspiel: Die
Künstler treten ab. Da kommen die Diener der
Politik und rollen die soziale Grundlage auf,
wobei viel Staub entwickelt wird. Der dumme
August aber, voller Farben, will nicht untätig
sein, macht die Geste der Bereitschaft, und ver=
wirrt das Leben, um die Pause zu verlängern.

*

Künstler schreiben jetzt gegen die Kunst und
werben um Anschluß an das Leben. Goethe,
ohne Menschlichkeit, »sieht aus der gespenster=
haften Höhe, wo die deutschen Genien einander
vielleicht verstehen, unbewegt auf sein unbe=
wegtes Land hinab. Mit seinem Namen decken
faule Vergnüglinge ihr leeres Dasein«. Es gebe
aber keine Kultur ohne Menschlichkeit ... Einer,
der um seiner Prosa willen geachtet wird, ist es,
der so sich ereifert. Er will eine Marseillaise, damit
man seine Prosa nicht mehr hört. Goethe führt
dem Börne die Hand, da er sie gegen Goethe
erhebt. Ich aber glaube, daß im Kunstwerk
aufgespart ist, was die Unmittelbarkeit geistiger
Energien vergeudet. Nicht die erste, sondern
die letzte Wirkung der Kunst ist Menschlich=

keit. Goethes Menschlichkeit ist eine Fern-
wirkung. Sterne gibt es, die nicht gesehen
werden, solange sie sind. Ihr Licht hat einen
weiten Weg, und längst erloschen leuchten sie
der Erde. Sie sind den Nachtbummlern ver-
traut: was kann Goethe für die Ästheten? Es
ist ihr Vorurteil, daß sie ohne sein Licht nicht
nach Hause finden. Denn sie sind nirgend zu
Hause und für sie ist die Kunst so wenig da,
wie der Kampf für die Maulhelden. Auch der
Ästhet ist zu feig zum Leben; aber der Künstler
geht aus der Flucht vor dem Leben siegreich
hervor. Der Ästhet ist ein Maulheld der Nieder-
lagen; der Künstler steht ohne Anteil am Kampf.
Er ist kein Mitgeher. Seine Sache ist es nicht,
mit der Gegenwart zu gehen, da es doch Sache
der Zukunft ist, mit ihm zu gehen.

*

Es ist aber immer noch besser, daß die
Künstler für die gute Sache, als daß die Jour-
nalisten für die schöne Linie eintreten.

*

Wenn den Ästheten die Gebärde freut, mit
der einer aus der Staatskasse fünf Millionen
stiehlt, und er es öffentlich ausspricht, daß die
Belustigung, die der Skandal den »paar Genießern«
bringt, mehr wert sei als die Schadenssumme, so
muß ihm gesagt werden: Wenn die Gebärde
dieser Belustigung ein Kunstwerk ist, so sind

wir nobel und es kommt uns auf eine Million
mehr oder weniger, die der Staat verliert, nicht
an. Wenn aber ein Leitartikel daraus wird, so
erwacht unser soziales Gefühl und wir bewilligen
nicht fünf Groschen für das Gaudium. Wird
nämlich aus dem Staatsbankerott ein Kunstwerk,
so macht die Welt ein Geschäft dabei. Im
andern Fall spüren wirs im Haushalt und ver-
dammen die populäre Ästhetik, welche die
Diebe entschuldigt, ohne die Bestohlenen zu
entschädigen.

*

Die Idee, die unmittelbar übernommen und
zur populären Meinung reduziert wird, ist eine
Gefahr. Erst wenn die Revolutionäre hinter
Schloß und Riegel sitzen, hat die Reaktion Ge-
legenheit, an der Entstofflichung der Idee zu
arbeiten.

*

Eine Individualität kann den Zwang leichter
übertauchen, als ein Individuum die Freiheit.

*

Eine Gesellschaftsform, die durch Zwang zur
Freiheit leitet, mag auf halbem Wege stecken
bleiben. Die andere, die durch Freiheit zur
Willkür führt, ist immer am Ziel.

*

Dem Bürger muß einmal gesagt worden sein, daß es der Staat mit der Weisung »Rechts vor, fahren, links ausweichen« auf seine Freiheit ab, gesehen habe.

*

Demokratisch heißt jedermanns Sklave sein dürfen.

*

Vielleicht ginge es besser, wenn die Menschen Maulkörbe und die Hunde Gesetze bekämen; wenn die Menschen an der Leine und die Hunde an der Religion geführt würden. Die Hundswut könnte in gleichem Maße abnehmen wie die Politik.

*

Die lästigen Hausierer der Freiheit, die, wenn das Volk schon gar nichts kaufen will, mit dem Präservativ der Bildung herausrücken, mögen sich eine Zeitlang des Erfolges ihrer Zudringlich, keit freuen. Die Kultur hat es immer noch lieber mit den Hausknechten gehalten.

*

Der Liberale trägt kein Bedenken, gegen den Tyrannen die Argumente des Muckers an, zuführen.

*

Der Nationalismus ist ein Sprudel, in dem jeder andere Gedanke versintert.

*

Die Juden haben geglaubt, einen starken Beweis ihrer Assimilationsfähigkeit zu liefern, indem sie in einer übertriebenen Art von den christlichen Gelegenheiten Besitz ergriffen haben. Dadurch sind die jüdischen Gelegenheiten beträchtlich vermehrt worden. Nein, sie sind nicht mehr unter sich: die andern sind es. Und es wird lange Zeit brauchen, bis die Antinomie beseitigt ist, daß Samuel nicht so deutlich klingt wie Siegfried. Denn die Welten sind noch nicht eins, wenn die eine das Kleid der andern trägt und diese es darum ablegt. Der jüdische Nationalismus aber sei wie jeder Rückschritt willkommen, der aus einer pseudonymen Kultur dorthin zurückführt, wo ihr Inhalt wieder wert ist, ein Problem zu sein.

*

Der Historiker ist oft nur ein rückwärts gekehrter Journalist.

*

Der Journalismus hat die Welt mit Talent verpestet, der Historizismus ohne dieses.

*

Was ist ein Historiker? Einer, der zu schlecht schreibt, um an einem Tagesblatt mitarbeiten zu können.

*

Der Journalismus in Wien bringt's über den Geschichtenträger und Gebärdenspäher nicht hinaus. Er ist Amüseur oder Beobachter. In Berlin darf er's mit der Psychologie halten. Nun ist es das Verhängnis allen Geistes aus zweiter Hand, daß sein Unwert dort leichter in die Augen springt, wo er sich der schwereren Leistung vermessen möchte. Der Plauderer ist gewiß eine der schalsten Kreaturen, die in unserem geistigen Klima fortkommen. Aber er hängt immer noch eher mit dem schöpferischen Wesen zusammen als der Beobachter und vollends der Psychologe, die bloß den Hausrat der Chuzpe benützen müssen, den die technische Entwicklung des Geisteslebens ihnen in die Hand gespielt hat. Der Amüseur sticht durch eine wertlose Begabung von der Geschicklichkeit des Beobachters ab, so wie sich dieser wieder von der wertlosen Bildung des Psychologen vorteilhaft abhebt. Das sind so die Grundtypen des geistigen Elends, zwischen denen natürlich ebensoviele Varietäten Platz haben, als die organische Welt des Geistes Gelegenheiten zum Abklatsch bietet. Nah beim Beobachter steht der Ästhet, der durch Liebe zur Farbe und Sinn für die Nuance ausgezeichnet ist und an den Dingen der Erscheinungswelt so viel noch wahrnimmt, als Schwarz unter den Fingernagel geht. Er kann aber auch mit dem Psychologen zu einer besonderen Art von feierlichem Reportertum verschmelzen, zu jenem zwischen Wien und Berlin beliebten Typus, der aus Zusammenhängen und Möglichkeiten zu neuen Sehnsüchten gelangt und der in schwelgerischen Adjektiven einbringt, was ihm die Natur an Hauptworten versagt hat. Bei dem jähen Übergang, den gerade dieser Typus von der kaufmännischen Karriere in die Literatur durchmacht, wäre ein Dialog wie der folgende nicht bloß kein Zufall, sondern geradezu die Formel für die Komplikationen eines fein differenzierten Seelenlebens: »Hat Pollak aus Gaya bezahlt?« »Das nicht, aber er hat hieratische Gesten.«

*

Ein Feuilletonist — ein Sensal. Auch der Sensal muß prompt sein und die Sprache beherrschen. Warum zählt man ihn nicht zur Literatur? Das Leben hat Fächer. Jener kann sich in dieses und dieser in jenes einarbeiten, jeder in jedes. Das Glück ist blind. Schicksale bestimmen den Menschen. Wir wissen wohl, was wir sind, aber nicht, was wir werden können. Warum zählt man ausgerechnet den Feuilletonisten zur Literatur?

*

Die Echtheit in der Kunst vom Schwindel zu unterscheiden, mag schwer fallen. Den Schwindel erkennt man höchstens daran, daß er die Echtheit übertreibt. Die Echtheit höchstens daran, daß sich das Publikum von ihr nicht hineinlegen läßt.

*

Heutzutag ist der Dieb vom Bestohlenen nicht zu unterscheiden: beide haben keine Wertsachen bei sich.

*

Der beste Journalist Wiens weiß über die Karriere einer Gräfin wie über den Aufstieg eines Luftballons, über eine Parlamentssitzung wie über einen Hofball zu jeder Stunde das Wissenswerte auszusagen. In Ungarn kann man nachts Wetten abschließen, daß der Zigeunerprimas binnen einer halben Stunde mit seinem ganzen Orchester zur Stelle sein wird; man läßt ihn wecken, er tastet nach der Fiedel, weckt den Cymbalschläger, alles springt aus den Betten, in den Wagen, und in einer halben Stunde gehts hoch her, fidel, melancholisch, ausgelassen, dämonisch und was es sonst noch gibt. Das sind große praktische Vorteile, die nur der zu unterschätzen vermag, der die Bedürfnisse der Welt nicht kennt oder nicht teilt. In Bereitschaft sein ist alles. Wenn nur die Welt selbst nicht ungerecht wäre! Sie sagt, einer sei der beste Journalist am Platz, und er ist es zweifellos. Sie sagt aber nie, einer sei der bedeutendste Bankdisponent. Und doch dient er ihr so gut wie jener, und steht den Müßigkeiten der Literatur genau so fern.

*

Mit den perfekten Feuilletonisten ließe sich leben, wenn sie es nicht auf die Unsterblichkeit abgesehen hätten. Sie wissen fremde Werte zu placieren, haben alles bei der Hand, was sie nicht im Kopf haben, und sind häufig geschmackvoll. Wenn man ein Schaufenster dekoriert haben will, ruft man nicht den Lyriker. Er könnte es vielleicht auch, aber er tut's nicht. Der Auslagenarrangeur tut's. Das schafft ihm seine soziale Position, um die ihn der Lyriker mit Recht beneidet. Auch ein Auslagenarrangeur kann auf die Nachwelt kommen. Aber nur, wenn der Lyriker ein Gedicht über ihn macht.

*

Ich stelle mir gern vor, daß über den Lieblingen des Publikums die wahre Vorsehung waltet, indem sie für ihre grausame Verkennung nach dem Tode schon bei Lebzeiten entschädigt werden. Sonst hätte ja das ganze Treiben keinen Sinn. Nachwelt und Jenseits wetteifern, sie zu verwahrlosen, die der Zeit- und Raumgenossenschaft ein Kleinod waren. Da sie aber dort und dann nicht weniger, sondern jetzt und hier mehr bekommen als sie verdienen, so kann füglich nicht von Vergeltung, sondern nur von Begünstigung gesprochen werden. Die Hölle steht ihnen nicht offen, denn man fragt zwar den Teufel nach ihnen, wenn sie tot sind, aber selbst er weiß nicht, wo sie sind. Nur die Erde stand ihnen offen und trug sie, bis sie für das Nichts reif waren. Ihre Bücher, treu ihren

Leibern, zerfallen in Staub und müßten, wenn hier Pietät und Sanität etwas zu sagen hätten, mit in ihre Särge gelegt werden. Angehörig den Angehörigen — wer in der Welt nennt ihre Namen? Sie waren in aller Mund, solange sie selbst ihn offen hatten. Der Tag ist undankbar, er kennt die nicht, die ihm geopfert haben, denn er ist grausam genug, selbst den Tag zu ver* jagen. Es ist als ob sie sich immer strebend zur Vergessenheit durchgerungen hätten. So unbeachtet lebt kein Genie, wie ein Talent tot ist. Sein Nachlaß ist Nachlassen, intransitiv, sein Wort ein zielloses Zeitwort. Totgeschwiegen werden, weil man tot ist — es möchte kein Hund so länger tot sein!

*

Nie war der Weg von der Kunst zum Publikum so weit; aber nie auch hat es ein so künstliches Mittelding gegeben, eins, das sich von selbst schreibt und von selbst liest, so zwar, daß sie alle schreiben und alle verstehen können und bloß der soziale Zufall entscheidet, wer aus dieser gegen den Geist fortschreitenden Hunnen* horde der Bildung jeweils als Schreiber oder als Leser hervorgeht.

*

Ein Reichtum, der aus hundert Hintergründen fließt, erlaubt es der Presse, sich an hohen Feier* tagen den Luxus der Literatur zu leisten. Wie fühlt sich diese, wenn sie als goldene Kette auf dem Annoncenbauch eines Protzen glänzen darf?

*

Allenthalben waltet jetzt in der Bürgerschaft das Streben vor, der Polizei den geistigen Teil ihrer Arbeit abzunehmen. Wurde einst irgendwo in Deutschland ein Redakteur in Ketten über die Straße geführt, so läßt man jetzt keinen Künstler ohne bürgerliche Kontrolle ausgehen. Da und dort erklären sich jetzt in Deutschland die Vertreter der intelligenten Berufe bereit, die Überwachung der unbotmäßigen Schriftsteller zu übernehmen. Es gibt — bei dem gleichzeitigen Anwachsen der Zeitschriftenindustrie — kaum einen Zigarrenhändler mehr, der nicht daheim seinen Redakteur im Kotter hätte, und namentlich haben sie es auf die Lyrik abgesehen, soweit sie nicht sachlichen Beweggründen entspringt, nicht den Zwecken der Gemeinverständlichkeit zustrebt und überhaupt über das erweislich Wahre hinausgeht. Mit einem Wort, ihr Verständnis für Kunst reicht so weit, daß ihnen das »ich weiß nicht, was soll es bedeuten« eben noch als lyrischer Gedanke einleuchtet, aber sonst nur die Lage bezeichnet, in der sie sich gegenüber der Lyrik befinden. Nun habe ich nie ein Hehl daraus gemacht, daß ich die Weltanschauung des Kofmich, wenn sie uns Automobile baut, für akzeptabel halte, weil wir ihr dann um so prompter entfliehen können. Aber wenn es ihren Einbruch in das Geistesleben, wie er sich im neuen Deutschland donnerwetter- tadellos vollzieht, abzuwehren gilt, so tue ich mit!

*

Eine Organisation der Schauspielerinnen gibts auch schon. Was noch fehlt, ist eine Organisation der Ligusterschwärmer.

*

Die Theatersozialität ist der schäbige Rest eines krepierten Zeitalters. Das Leben, vom Leben gefangen, wurde ehedem auf der Bühne frei. Dort konnte es der Teufel holen. Jetzt wird es auch dort der Schinder holen.

*

Ein frecher Kulturwitz hat die »journalistische Hochschule« ausgeheckt. Sozialer Ernst müßte eine journalistische Gewerbeschule verlangen.

*

Jede Art von Erziehung hat es darauf ab- gesehen, das Leben reizlos zu machen, indem sie entweder sagt, wie es ist, oder daß es nichts ist. Man verwirrt uns in einem fortwährenden Wechsel, man klärt uns auf und ab.

*

Über Zeit und Raum wird so geschrieben, als ob es Dinge wären, die im praktischen Leben noch keine Anwendung gefunden haben.

*

Philosophie ist oft nicht mehr als der Mut, in einen Irrgarten einzutreten. Wer aber dann auch die Eingangspforte vergißt, kann leicht in den Ruf eines selbständigen Denkers kommen.

*

Fürs Kind. Man spielt auch Mann und Weib fürs Kind. Das ist noch immer der wohltätige Zweck, zu dessen Gunsten die Unterhaltung stattfindet und vor dem selbst die Zensur ein Auge zudrückt.

*

Wenn Lieben nur zum Zeugen dient, dient Lernen nur zum Lehren. Das ist die zweifache teleologische Rechtfertigung für das Dasein der Professoren.

*

Der Monist müßte sich für seine Wahrheit opfern. Dann erst würde man sehen, daß die Realität nichts verliert und die Unsterblichkeit nichts gewinnt, und die Identität wäre vollkommen bewiesen.

*

Fürs Leben gern wüßt' ich: was fangen die vielen Leute nur mit dem erweiterten Horizont an?

*

Ein heutiges Kind lacht den Vater aus, der ihm von Drachen erzählt. Es ist notwendig, daß das Gruseln ein obligater Gegenstand wird; sonst lernen sie es nie.

*

Es gibt mehr Dinge zwischen Quinta und Sexta, als eure Schulweisheit sich träumen läßt.

*

Aufgeweckte Jungen — unausgeschlafene Männer.

*

Die neue Seelenkunde hat es gewagt, in das Mysterium des Genies zu spucken. Wenn es bei Kleist und Lenau nicht sein Bewenden haben sollte, so werde ich Torwache halten und die medizinischen Hausierer, die neuestens überall ihr »Nichts zu behandeln?« vernehmen lassen, in die Niederungen weisen. Ihre Lehre möchte die Persönlichkeit verengen, nachdem sie die Unverantwortlichkeit erweitert hat. Solange das Geschäft private Praxis bleibt, mögen sich die Betroffenen wehren. Aber Kleist und Lenau werden wir aus der Ordination zurückziehen!

*

Die modernen Psychologen, die die Grenzen der Unverantwortlichkeit hinausschieben, haben reichlich darin Platz.

*

Eine gewisse Psychoanalyse ist die Beschäftigung geiler Rationalisten, die alles in der Welt auf sexuelle Ursachen zurückführen mit Ausnahme ihrer Beschäftigung.

*

Die Psychoanalyse entlarvt den Dichter auf den ersten Blick, ihr macht man nichts vor und sie weiß ganz genau, was des Knaben Wunderhorn eigentlich bedeutet. Es sei. Jetzt ist es aber die höchste Zeit, daß eine Seelenforschung ersteht, die, wenn einer vom Geschlecht spricht, ihm dahinter kommt, daß es eigentlich Kunst bedeutet. Für diese Retourkutsche der Symbolik biete ich mich als Lenker an! Ich wäre aber auch schon zufrieden, wenn man einem, der von Psychologie spricht, nachweisen könnte, daß sein Unterbewußtsein eigentlich etwas anderes gemeint habe.

*

Kinder psychoanalytischer Eltern welken früh. Als Säugling muß es zugeben, daß es beim Stuhlgang Wollustempfindungen habe. Später wird es gefragt, was ihm dazu einfällt, wenn es auf dem Weg zur Schule der Defäkation eines Pferdes beigewohnt hat. Man kann von Glück sagen, wenn so eins noch das Alter erreicht, wo der Jüngling einen Traum beichten kann, in dem er seine Mutter geschändet hat.

*

Der Unterschied zwischen der alten und der neuen Seelenkunde ist der, daß die alte über

jede Abweichung von der Norm sittlich ent-
rüstet war und die neue der Minderwertigkeit
zu einem Standesbewußtsein verholfen hat.

*

Das wissen weder Mediziner noch Juristen:
daß es in der Erotik weder ein erweislich Wahres
gibt, noch einen objektiven Befund; daß uns
kein Gutachten von dem Wert des Gegenstands
überzeugen und keine Diagnose uns enttäuschen
kann; daß man gegen alle tatsächlichen Vor-
aussetzungen liebt und gegen den wahren Sach-
verhalt sich selbstbefriedigt. Kurzum, daß es
die höchste Zeit ist, aus einer Welt, die den
Denkern und den Dichtern gehört, die Juristen
und Mediziner hinauszujagen.

*

Sie haben die Presse, sie haben die Börse,
jetzt haben sie auch das Unterbewußtsein!

*

»Sich taufen lassen«: das klingt wie Ergebung.
Aber sie wollen nie lassen, sondern immer tun;
darum glauben sie's selbst dem nicht, der ließ,
und glauben, daß er getan hat, und sagen: »Er
hat sich getauft!«

*

Wenn dir etwas gestohlen wurde, geh nicht
zur Polizei, die das nicht interessiert, und nicht
zum Psychologen, den daran nur das eine inter-
essiert, daß eigentlich du etwas gestohlen hast.

*

Psychologie ist so müßig wie eine Gebrauchsanweisung für Gift.

*

Psychologen sind Durchschauer der Leere und Schwindler der Tiefe.

*

Gute Ansichten sind wertlos. Es kommt darauf an, wer sie hat.

*

Satiren, die der Zensor versteht, werden mit Recht verboten.

*

Die Phrase ist das gestärkte Vorhemd vor einer Normalgesinnung, die nie gewechselt wird.

*

Die Dorfbarbiere haben einen Apfel, den stecken sie allen Bauern ins Maul, wenn's ans Balbieren geht. Die Zeitungen haben das Feuilleton.

*

Auch hängt noch über mancher Bauerntafel ein Klumpen Zucker, an dem sie gemeinsam lecken. Ich möchte lieber dort eingeladen sein, als ein Konzert besuchen.

*

Die Zwischenaktsmusik ist das Beste vom Abend. Sie verlangt nicht, daß man schweige, sie verlangt nicht, daß man höre, aber sie erlaubt, nicht zu hören, was gesprochen wird. Dummköpfe wollen sie abschaffen. Und sie ahnen nicht, wie sehr gerade sie ihrer bedürfen. Denn die einzige Kunst, vor der die Masse ein Urteil hat, ist die Kunst des Theaters. Aber eben nur die Masse. Wehe, wenn die Urteilssplitter im Zwischenakt gesammelt würden: sie ergäben kein Ganzes. Ohne die Zwischenaktsmusik könnten sich die einzelnen Dummköpfe vernehmlich machen, deren Meinung sich während des Spiels zum maßgebenden Eindruck und nach dem Spiel zum Applaus zusammenschließt. Die Zersplitterung zu verhindern, ist die Zwischenaktsmusik da, die im rechten Moment mit Tusch in die Dummheit einfällt. Auf die Qualität dieser Musik kommt es nicht an, nur auf das Geräusch. Die Zwischenaktsmusik dient dazu, das Lampenfieber des Publikums zu vertreiben. Ihre Gegner wollen sich selbst preisgeben.

*

Ich verpflichte mich, einen Mann an den Galgen zu bringen, wenn ich auf der Straße mit ganz bestimmtem Tonfall ausrufe: »Aha, und ein farbiges Hemd hat er auch noch!« Es würde ein Schrei der Entrüstung durch die Menge gehen. Durch dieselbe Menge, auf die man jetzt mit Symphonien zu wirken sucht.

*

Der Tropf, der von Kunst spricht, hält den Künstler, der von ihr spricht, für unbescheiden.

*

Der Dummkopf, der an keinem Welträtsel vorübergehen kann, ohne entschuldigend zu bemerken, daß es seine unmaßgebliche Meinung sei, heimst das Lob der Bescheidenheit ein. Der Künstler, der seine Gedanken an einem Kanalgitter weidet, überhebt sich.

*

Eine der verblüffendsten Entdeckungen, die uns das neue Jahrhundert gebracht hat, ist zweifellos die, daß ich in der ‚Fackel‘ öfter von mir selbst spreche, und sie wird mir mit einer der tiefsten Erkenntnisse unter die Nase gehalten, die die Weisheit kontemplativer Seelen je geschöpft hat, daß nämlich der Mensch bescheiden sein müsse. Manche wollen sogar herausgefunden haben, daß ich den Essay von Sch. über zehn Jahre ‚Fackel‘ »in meinem eigenen Blatte« veröffentlicht habe. Aufmerksam gemacht, muß ich zugeben, daß es wahr ist. Die Entdeckung der Eitelkeit hat zwar noch nie ein Schriftsteller seinem Leser leichter gemacht. Denn wenn dieser es selbst nicht merkte, daß ich eitel bin, so erfuhr er es doch aus meinen wiederholten Geständnissen der Eitelkeit und aus der Glorifizierung, die ich diesem Laster zuteil werden ließ. Die lächelnde

Informiertheit, die eine Achillesferse entdeckt, wird also an einer Bewußtheit zuschanden, die sie schon vorher freiwillig entblößt hat. Aber ich kapituliere. Wenn der sterilste Einwand gegen mich auch zum zehnten Jahr meiner Unbelehr= barkeit erhoben wird, dann hilft keine Replik. Ich kann pergamentenen Herzen nicht das Ge= fühl für die Notwehr, in der ich lebe, einflößen, für das Sonderrecht einer neuen publizistischen Form und für die Übereinstimmung dieses scheinbaren Eigeninteresses mit den allgemeinen Zielen meines Wirkens. Sie können es nicht verstehen, daß, wer mit einer Sache verschmolzen ist, immer zur Sache spricht, und am meisten, wenn er von sich spricht. Sie können es nicht verstehen, daß, was sie Eitelkeit nennen, jene nie beruhigte Bescheidenheit ist, die sich am eigenen Maße mißt und das Maß an sich, jener demütige Wille zur Steigerung, der sich dem unerbittlichsten Urteil unterwirft, das stets sein eigenes ist. Eitel ist die Zufriedenheit, die nie zum Werk zurückkehrt. Eitel ist die Frau, die nie in den Spiegel schaut. Bespiegelung ist der Schönheit unerläßlich und dem Geist. Die Welt aber hat nur eine psychologische Norm für zwei Geschlechter und verwechselt die Eitel= keit eines Kopfes, die sich im künstlerischen Schaffen erregt und befriedigt, mit der geckischen Sorgfalt, die an einer Frisur arbeitet. Aber ist jene im gesellschaftlichen Verkehr nicht stumm? Sie kann dem Nebenmenschen unmöglich so auf die Nerven fallen wie die Bescheidenheit der reproduzierenden Geister.

*

Die Impotenz möchte durch ihre Bitte um Bescheidenheit die Leistung verhindern.

*

Den Kleinen ist es wichtiger, daß Einer sein Werk nicht für groß halte, als daß es groß sei.

*

Der Philister hält es mit Recht für einen Mangel, wenn man »von sich eingenommen« ist.

*

Größenwahn ist nicht, daß man sich für mehr hält als man ist, sondern für das, was man ist.

*

Bildung ist das, was die meisten empfangen, viele weitergeben und wenige haben.

*

Wäre Wissen eine Angelegenheit des Geistes, wie wär's möglich, daß es durch so viele Hohlräume geht, um, ohne eine Spur seines Aufenthaltes zurückzulassen, in so viele andere Hohlräume überzugehen?

*

Nahrung ist eindrucksfähiger als Bildung, ein Magen bildsamer als ein Kopf.

*

Was die Lehrer verdauen, das essen die Schüler.

*

Je größer das Assoziationsmaterial, desto geringer die Assoziationsfähigkeit. Mehr als das Gymnasium von jenem zuführt, braucht man nicht. Wer etwa das Wort »Es wandelt niemand ungestraft unter Palmen« im »Nathan« sucht, hats weiter gebracht, als der es in den »Wahlverwandtschaften« richtig findet.

*

Das Konversationslexikon hat vor dem Vielwisser eines voraus: den Stolz. Es verhält sich reserviert, es wartet ab und es gibt nie mehr als man will. Es begnügt sich mit der Antwort auf die Frage, wann Amenhotep geboren wurde. Der Vielwisser blättert sich selbst um und gibt sofort auch über die Amöben Auskunft, über den Ampèremesser, die Amphyktionen, die Amphoterodiplopie, über die Amrita, den Göttertrank der indischen Lehre, die Amschaspands, als welche die sieben höchsten Lichtgeister der persischen Religion sind, den Amschir, bekanntlich der sechste Monat des türkischen Kalenders, über das Amulett (vom arabischen hamala), über das Amygdalin, den eigentümlichen Stoff der bittern Mandeln, welcher, mit Emulsin (s. d.) in wässeriger Lösung zusammengebracht, Blausäure, Bittermandelöl und Zucker liefert, und über die bekannte Amylacetatlampe, und ist imstande, bei Anaxagoras, gerade wo es am interessantesten wird, abzubrechen. Man ist dann doch unbefriedigt.

*

Vielwisser dürften in dem Glauben leben, daß es bei der Tischlerarbeit auf die Gewinnung von Hobelspänen ankommt.

*

Die geistige Anregung des Kindes besorgt die Amme mit ihrem »guck guck — da da«. Erwachsenen zeigt man etwas aus Kunst und Wissenschaft, damit sie nicht schreien. Kinder singt man mit »Weißt du, wieviel Sterne stehen« in den Schlaf. Erwachsene beruhigen sich erst, wenn sie auch die Namen wissen und die Entfernung der Kassiopeia von der Erde, sowie daß diese nach der Gemahlin des äthiopischen Königs Kepheus und Mutter der Andromeda benannt ist.

*

Leute, die über den Wissensdurst getrunken haben, sind eine gesellschaftliche Plage.

*

Man soll nicht mehr lernen, als man unbedingt gegen das Leben braucht.

*

Wann kommt die Zeit, wo man bei der Volkszählung die Zahl der Fruchtabtreibungen in jedem Hause wird angeben müssen?

*

Den Fortschritt vom Taygetos zum Brut-
apparat sieht jedes Kind.

*

Humanität ist das Waschweib der Gesell-
schaft, das ihre schmutzige Wäsche in Tränen
auswindet.

*

Wie kommt es denn, daß der liberale Inhalt
keine andere Sprache findet als dieses entsetz-
liche seit Banalitätsäonen millionenmal aus-
gespuckte Idiom? Daß man sich den Phönix
nur noch als Versicherungsagenten vorstellen
kann und den Genius der Freiheit nur noch
als schäumenden Börseaner?

*

Die Phrase und die Sache sind eins.

*

Die Verzerrung der Realität im Bericht ist
der wahrheitsgetreue Bericht über die Realität.

*

Die Welt ist taub vom Tonfall. Ich habe
die Überzeugung, daß die Ereignisse sich gar
nicht mehr ereignen, sondern daß die Klischees
selbsttätig fortarbeiten. Oder wenn die Ereignisse,
ohne durch die Klischees abgeschreckt zu sein,
sich doch ereignen sollten, so werden die Er-
eignisse aufhören, wenn die Klischees zertrüm-

mert sein werden. Die Sache ist von der Sprache angefault. Die Zeit stinkt schon von der Phrase.

*

Der Hereinfall des Schwindels ist der letzte Witz, der einer verstimmten Kultur einfällt.

*

Oh, das Altertum ist der Neuzeit schon lange verdächtig. Wollen mal sehen, was herauskommt, wenn man das Land der Griechen mit der Dreckseele sucht. Das geht nicht mehr so weiter mit den Griechen. Zuerst haben wir sie hysterisch gemacht, da waren sie noch immer schöner als wir. Jetzt wollen wir Christen und Juden aus ihnen machen.

*

Die Häßlichkeit der Jetztzeit hat rückwirkende Kraft.

*

Daß sich die Rache der Parias an den Träumen der Menschheit vergreifen darf, daß Gedicht und Sage dem elenden Bedürfnis der Historik und Psychologie verfallen, Religion und alle heilige Gewesenheit der Spucknapf sind für den intellektuellen Auswurf — das ist es, was dieses Leben erst unerträglich macht, wenn es über alle Hindernisse der Zeit gesiegt hat[1]

IV
Vom Künstler

Schöpferische Menschen können sich dem Eindruck fremder Schöpfung sperren. Darum verhalten sie sich oft zur Welt ablehnend, wenngleich sie nicht selten deren Unvollkommenheit empfinden.

*

Wenn Gott sah, daß es gut war, so hat ihm der Menschenglaube zwar die Eitelkeit, aber nicht die Unsicherheit des Schöpfers zugeschrieben.

*

Der Künstler lasse sich nie durch Eitelkeit zur Selbstzufriedenheit hinreißen.

*

Die Kunst muß mißfallen. Der Künstler will gefallen, aber er tut nichts zu Gefallen. Die Eitelkeit des Künstlers befriedigt sich im Schaffen. Die Eitelkeit des Weibes befriedigt sich am Echo. Sie ist schöpferisch wie jene, wie das Schaffen selbst. Sie lebt im Beifall. Der Künstler, dem das Leben den Beifall von rechtswegen versagt, antizipiert ihn.

*

Das Zeichen der Künstlerschaft: Für sich aus dem Selbstverständlichen ein Problem machen und die Probleme der andern entscheiden; für andere wissen und sich selbst in die Hölle zweifeln; einen Diener fragen und einem Herrn antworten.

*

Die Kunst des Schreibenden läßt ihn auf dem Luftseil einer hochgespannten Periode nicht schwanken, aber sie macht ihm einen Punkt problematisch. Er mag sich des Ungewohnten vermessen; aber jede Regel löse sich ihm in ein Chaos von Zweifeln.

*

Wenn ich über sie zu schreiben habe, zweifle ich an der Sonne Klarheit, von der ich überzeugt bin.

*

Der Kommis sagt, ich sei eitel. In der Tat, meine Unsicherheit macht mich eitler als den Kommis seine Position.

*

Die Fähigkeit, nach schneller Entscheidung zu zweifeln, ist die höchste und männlichste.

*

Es gibt einen produktiven Zweifel, der über ein totes Ultimatum hinausgeht. Ich könnte Hefte mit den Gedanken füllen, die ich bis zu einem Gedanken, und Bände mit jenen, die ich nach einem Gedanken gedacht habe.

*

Die meisten Schreiber sind so unbescheiden, daß sie immer von der Sache sprechen, wenn sie von sich sprechen sollten.

*

Das Verlangen, daß ein Satz zweimal gelesen werde, weil erst dann Sinn und Schönheit aufgehen, gilt für anmaßend oder hirnverbrannt. So weit hat der Journalismus das Publikum gebracht. Es kann sich unter der Kunst des Wortes nichts anderes vorstellen, als die Fähigkeit, eine Meinung deutlich zu machen. Man schreibt »über« etwas. Die Anstreicher haben den Geschmack an der Malerei noch nicht so gründlich korrumpiert wie die Journalisten den Geschmack am Schrifttum. Oder der Snobismus hilft dort und bewahrt das Publikum davor, zuzugeben, daß es auch am Gemälde nur den Vorgang erfasse. Jeder Börsengalopin weiß heute, daß er anstandshalber zwei Minuten vor einem Bilde stehen bleiben muß. In Wahrheit ist er auch damit zufrieden, daß über etwas gemalt wird. Die Heuchelei, mit der die Blinden von der Farbe reden, ist schlimm. Aber schlimmer ist die Keckheit, mit der die Tauben die Sprache als Instrument des Lärms reklamieren.

*

Warum ist das Publikum so frech gegen die Literatur? Weil es die Sprache beherrscht. Die Leute würden sich ganz ebenso gegen die andern Künste vorwagen, wenn es ein Verständigungsmittel wäre, sich anzusingen, sich mit Farbe zu beschmieren oder mit Gips zu bewerfen. Das Unglück ist eben, daß die Wortkunst aus einem Material arbeitet, das der Bagage täglich durch die Finger geht. Darum ist der Literatur nicht zu helfen. Je weiter sie sich von der Verständlichkeit entfernt, desto zudringlicher reklamiert das Publikum sein Material. Das Beste wäre noch, die Literatur so lange vor dem Publikum zu verheimlichen, bis ein Gesetz zustandekommt, welches den Leuten die Umgangssprache verbietet und ihnen nur erlaubt, sich in dringenden Fällen einer Zeichensprache zu bedienen. Aber ehe dieses Gesetz zustandekommt, dürften sie wohl gelernt haben, die Arie »Wie geht das Geschäft?« mit einem Stillleben zu beantworten.

*

Der Journalismus, der die Geister in seinen Stall treibt, erobert indessen ihre Weide. Tagschreiber möchten Autoren sein. Es erscheinen Feuilletonsammlungen, an denen man nichts so sehr bestaunt, als daß dem Buchbinder die Arbeit nicht in der Hand zerfallen ist. Brot wird aus Brosamen gebacken. Was ist es, das ihnen Hoffnung auf die Fortdauer macht? Das fort-

dauernde Interesse an dem Stoff, den sie sich
»wählen«. Wenn einer über die Ewigkeit plaudert,
sollte er da nicht gehört werden, so lange die
Ewigkeit dauert? Von diesem Trugschluß lebt
der Journalismus. Er hat immer die größten
Themen und unter seinen Händen kann die
Ewigkeit aktuell werden; aber sie muß ihm auch
ebenso leicht wieder veralten. Der Künstler
gestaltet den Tag, die Stunde, die Minute.
Sein Anlaß mag zeitlich und lokal noch so be‑
grenzt und bedingt sein, sein Werk wächst umso
grenzenloser und freier, je weiter es dem Anlaß
entrückt wird. Es veralte getrost im Augenblick:
es verjüngt sich in Jahrzehnten.

*

Dawider vermag die wertverschiebende Ten‑
denz des Journalismus nichts auszurichten. Er
kann den Uhren, die er aufzieht, Garantiescheine
für ein Säkulum mitgeben: sie stehen schon,
wenn der Käufer den Laden verlassen hat. Der
Uhrmacher sagt, die Zeit sei schuld, nicht die
Uhr, und möchte jene zum Stehen bringen, um
den Ruf der Uhr zu retten. Er macht die Stunde
schlecht oder schweigt sie tot. Aber ihr Genius
zieht weiter und macht hell und dunkel, obschon
das Zifferblatt es anders will. Wenn es zehn
schlägt und elf zeigt, können wir im Mittag
halten, und die Sonne lacht über die gekränkten
Uhrmacher.

*

Daß doch alle Überhebung der Mechanik, die sich mit dem Ruhm sozialer Nützlichkeit nicht bescheiden will, die Naturnotwendigkeiten nicht zu »richten« vermag! Die Journalisten versichern einander, ihre Werke seien unsterblich, aber nicht einmal die Versicherung bleibt erhalten, wiewohl sie wahrlich Anspruch darauf hätte. Daneben hat ein Geheimnis die Kraft, sich selbst in aller Mund zu bringen. Österreich ist das Land, wo am lautesten gesprochen und am längsten geschwiegen wird. Es ist das Land, in dem Festzüge veranstaltet und Tropfsteinhöhlen entdeckt werden. »Dabei stellte es sich heraus, daß man es nicht mit einer der vielen unbedeutenden Höhlen, wie sie im Kalkgebirge häufig vorkommen, sondern mit gewaltigen unterirdischen Räumen, die sich stundenweit ins Innere des Berges erstrecken, zu tun habe. Die Höhle führt durch festes Gestein horizontal in den Berg und kann bis zur Tiefe von dreihundert Metern ohne jede Gefahr von jedermann begangen werden. Auch weiterhin sind die Schwierigkeiten des Eindringens nicht erheblich und stehen gar nicht im Verhältnis zu dem wunderbaren Anblick, der sich dem Beschauer bietet. Ein Spitzbogengewölbe von unabsehbarer Höhe umschließt herrliche Tropfsteinbildungen. Auf dem Boden liegen ganz absonderlich geformte Gebilde aus Kalzit und noch nicht erstarrter Bergmilch. An den Seitenwänden finden sich zarte Figuren von weißer und blauer Struktur, Bergkristall und Eisenblüte. Die Forscher drangen stundenweit gegen die Mitte des Berges vor und konnten in den Gängen und Stollen kein Ende finden...« Ist dies die Sprache der Höhlenkunde? Die Literaturforschung spricht anders. Wir sind andere Sehenswürdigkeiten gewohnt: Festzüge, die das Auge der Zeitgenossen blenden wie ein Gebilde aus Wunder und Krida.

*

Was vom Stoff lebt, stirbt vor dem Stoffe. Was in der Sprache lebt, lebt mit der Sprache.

*

Der Gedankenlose denkt, man habe nur dann einen Gedanken, wenn man ihn hat und in Worte kleidet. Er versteht nicht, daß in Wahrheit nur der ihn hat, der das Wort hat, in das der Gedanke hineinwächst.

*

Der Sinn nahm die Form, sie sträubte und ergab sich. Der Gedanke entsprang, der die Züge beider trug.

*

Die Sprache ist die Mutter, nicht die Magd des Gedankens.

*

Daß eine Form da war vor einem Inhalt, kann ein Leser dem sichtbaren Gedanken nicht ansehen und soll es auch nicht. Aber man zeige es ihm an dem Versuch, einen, der unter die Bewußtseinsschwelle geraten ist, emporzuziehen. Es wird da vergebens sein, in die Breite zu assoziieren. Es nützt nichts, daß der Finder und Verlierer sich durch stoffliches Tasten in die Nähe bringt. Der Gedanke etwa, daß »man den Wald vor lauter Bäumen nicht sieht«, würde nicht auf den Zufall eines Waldes reagieren, den man zu sehen bekäme, und nicht auf die Bäume, die ihn unsichtbar machen. Wohl aber würde er sich wieder auf dem Wege einstellen, auf dem er entstanden ist. Man versuche den Tonfall, die Geste, in der man ihn gedacht haben könnte, bald wird es von etwas schimmern, das irgendwie »verfehlte Wirkung« oder »klein vor groß« ausdrückt, und schon sieht man den Wald, den man vor lauter Bäumen nicht sieht. In der Sprache denken heißt nun einmal, aus der Hülle zur Fülle kommen. Wie man des Traums der vergangenen Nacht inne wird, wenn man wieder das Linnen spürt.

*

Die Sprache sei die Wünschelrute, die gedankliche Quellen findet.

*

Weil ich den Gedanken beim Wort nehme, kommt er.

*

Ich habe manchen Gedanken, den ich nicht habe und nicht in Worte fassen könnte, aus der Sprache geschöpft.

*

Der Drucker setzte: »in Worten fassen könnte«. Im Gegenteil und folglich: Ich habe manchen Gedanken, den ich nicht in Worte fassen könnte, in Worten gefaßt.

*

Wissenschaft ist Spektralanalyse. Kunst ist Lichtsynthese.

*

Der Gedanke ist in der Welt, aber man hat ihn nicht. Er ist durch das Prisma stofflichen Erlebens in Sprachelemente zerstreut: der Künstler schließt sie zum Gedanken.

*

Der Gedanke ist ein Gefundenes, ein Wieder: gefundenes. Und wer ihn sucht, ist ein ehr: licher Finder, ihm gehört er, auch wenn ihn vor ihm schon ein anderer gefunden hätte.

*

Es gibt Vorahmer von Originalen. Wenn Zwei einen Gedanken haben, so gehört er nicht dem, der ihn früher hatte, sondern dem, der ihn besser hat.

*

Auch in der Kunst darf der Arme dem Reichen nichts nehmen; wohl aber der Reiche alles dem Armen.

*

Es gibt eine Zuständigkeit der Gedanken, die sich um ihren jeweiligen Aufenthalt wenig kümmert.

*

Man tadelte Herrn v. H. wegen eines schlechten Satzes. Mit Recht. Denn es stellte sich heraus, daß der Satz von Jean Paul und gut war.

*

Immer zieht das Original wieder ein, was ihm entnommen wurde. Auch wenn es später auf die Welt kommt.

*

Ein Gedanke ist nur dann echtbürtig, wenn man die Empfindung hat, als ertappe man sich bei einem Plagiat an sich selbst.

*

Meinungen sind kontagiös; der Gedanke ist ein Miasma.

*

In Zeiten, die Zeit hatten, hatte man an der Kunst etwas aufzulösen. In einer Zeit, die Zeitungen hat, sind Stoff und Form zu rascherem

Verständnis getrennt. Weil wir keine Zeit haben, müssen uns die Autoren umständlich sagen, was sich knapp gestalten ließe.

*

Der längste Atem gehört zum Aphorismus.

*

Einer, der Aphorismen schreiben kann, sollte sich nicht in Aufsätzen zersplittern.

*

Der Ausdruck sitze dem Gedanken nicht wie angemessen, sondern wie angegossen.

*

Wenn ein Gedanke in zwei Formen leben kann, so hat er es nicht so gut wie zwei Gedanken, die in einer Form leben.

*

Vom Künstler und dem Gedanken gelte das Nestroysche Wort: Ich hab' einen Gefangenen gemacht und er läßt mich nicht mehr los.

*

Die Sprache Mutter des Gedankens? Dieser kein Verdienst des Denkenden? O doch, er muß jene schwängern.

*

Man staunt nicht mehr über das Wunder der Schöpfung. Aber noch hat man nicht den Mut, es zu erklären, und Gott selbst vermöchte das nicht. Wie Kunst entsteht, wird die

Wissenschaft bald heraus haben. Daß die Gedanken aus der Sprache kommen, leugnen vorweg die, welche sprechen können. Denn sie haben an sich ähnliches noch nie beobachtet. Das Kunstwerk entsteht nach ihrer Meinung als Homunkulus. Man nimmt einen Stoff und tut ihm die Form um. Aber wie kommt es, daß sich die Seele Haut und Knochen schafft? Sie, die irgendwo auch ohne Haut und Knochen lebt, während diese nirgend ohne Seele leben können und nicht imstande sind, sie sich zu verschaffen, wenn sie wollen.

*

Der Schaffende und die Liebende beweisen sich in der Distanz vom Anlaß zum Erlebnis. Dem Gedanken und der Lust gemeinsam ist die Beiläufigkeit und die Unaufhörlichkeit. Aus dem Künstler und aus dem Weib kann die Umwelt machen, was sie will.

*

Der Ethiker muß immer von neuem zur Welt kommen. Der Künstler ein für allemal.

*

Wirkung der Kunst ist ein Ding, das ohne Anfang ist und dafür ohne Ende.

*

Die Kunst bescheidet sich vor einer Gegenwart, die sich der Ewigkeit überlegen weiß.

*

In der Kunst kommt es nicht darauf an, daß man Eier und Fett nimmt, sondern daß man Feuer und Pfanne hat.

*

Effekt, sagt Wagner, ist Wirkung ohne Ursache. Kunst ist Ursache ohne Wirkung.

*

Der Journalist ist vom Termin angeregt. Er schreibt schlechter, wenn er Zeit hat.

*

Ein Redner schrieb: »Möge die Stimme des Freundes nicht ungehört verhallen!« — Die Stimme verhallt, weil sie gehört wird. Das Wort kann auch ungehört nicht verhallen.

*

Zur Entschuldigung eines Leseabends:

Literatur ist, wenn ein Gedachtes zugleich ein Gesehenes und ein Gehörtes ist. Sie wird mit Aug' und Ohr geschrieben. Aber Literatur muß gelesen sein, wenn ihre Elemente sich binden sollen. Nur dem Leser (und nur dem, der ein Leser ist) bleibt sie in der Hand. Er denkt, sieht und hört, und empfängt das Erlebnis in derselben Dreieinigkeit, in der der Künstler das Werk gegeben hat. Man muß lesen, nicht hören, was geschrieben steht. Zum Nachdenken des Gedachten hat der Hörer nicht Zeit, auch nicht, dem Gesehenen nachzusehen. Wohl aber könnte er das Gehörte überhören. Gewiß, der Leser hört auch besser als der Hörer. Diesem bleibt ein Schall. Möge der stark genug sein, ihn als Leser zu werben, damit er nachhole, was er als Hörer versäumt hat.

*

Man sagt, der Autor habe einen Einfall in Worte gekleidet. Das kommt daher, daß das Schneidern eine seltenere Gabe ist als das Schreiben. Von jeder Sphäre bezieht man Worte, nur nicht von der literarischen. Was macht der Dichter aus den Worten? Bilder. Oder er bringt sie zu plastischer Wirkung. Wann aber sagt man einmal, es sei ein Gedicht, und hat das höchste gesagt? Wenn es eine Omelette surprise ist.

*

Wie ungemäß die Literatur dem Theater ist, zeigt die Inkongruenz von szenischem Apparat und der geistigen Geringfügigkeit seiner Anweisung: — »im Hintergrund stürzt der Kampanile ein.« An den stärksten Leistungen der Bühne hat der Autor das kleinste Verdienst: ein Federzug von dieser Hand, und neu erschaffen wird die Erde! (Wäre der Satz keine Dialogstelle, sondern eine szenische Bemerkung im Don Carlos, so würde man erst sehen, wie er zutrifft.) Nun sind solche Taten dem Theater selbst nicht organisch. Aber hat der Autor vielleicht an der schauspielerischen Leistung höheren Anteil? Hundert Seiten Psychologie und Witz können verpuffen, bis endlich unter Applaus geschieht, was jener mit den Worten vorgeschrieben hat: »geht rechts ab und bricht an der Tür schluchzend zusammen«.

*

Schon mancher hat durch seine Nachahmer bewiesen, daß er kein Original ist.

*

Ein Original, dessen Nachahmer besser sind, ist keines.

*

Heinrich Heine hat der deutschen Sprache so sehr das Mieder gelockert, daß heute alle Kommis an ihren Brüsten fingern können.

*

Der Nachmacher ist oft besser als der Vormacher.

*

Mit dem Dieb ist auch der Eigentümer entlarvt. Er selbst war durch einen Dietrich ins Haus gekommen und ließ die Tür offen.

*

Es gibt ebenso Journalisten der Stimmung, wie es Journalisten der Meinung gibt. Jene sind die Lyriker, die dem Publikum ins Ohr gehen. Sie möchten sich unserer Verachtung dadurch entziehen, daß sie schützend den Reim vorhalten. Aber da fassen wir sie erst. Denn sie wehren sich gegen den Verdacht, Diebe zu sein, durch den Beweis, daß sie Betrüger sind.

*

Die Feuilletonisten plündern den Hausrat der Natur, um ihre Stimmungen zu bekleiden. Wenn sie sich schneuzen, muß es donnern, sonst würde man die Bedeutung nicht verstehen. »Das ist wie wenn« sagen sie und tun dem Kosmos große Ehre an. Was sich so in der Welt begibt, darf neben ihren Sentiments einherlaufen, und sie sehen nach, obs stimmt. Das nennen sie Vergleiche. In der Tat gelingt es ihnen manchmal, das Vergleichende durch das Verglichene deutlich zu machen. Es ist immerhin eine Angelegenheit der Bildung. Sie wissen Bescheid, wie das ist, wenn ein anderes ist. Wenn Heine sehnsüchtig wird, so ist das, wie wenn ein Fichtenbaum. Zum Glück ist einer da, der mittut. Beim Dichter vollziehen sich die Elementarereignisse in ihm und in ihm geschieht, was draußen geschieht, und in dieser Einmaligkeit gibt es kein Auseinander von Sinn und Bild, keine Trennung von Text und Illustration. Bei Shakespeare ist das Erlebnis vom Undank der Töchter mit dem Bild geboren: Grasmücke so lange den Kuckuck speist, bis er ihr endlich den Kopf abreißt. Heine hätte das Motiv der Undankbarkeit erst in die Natur einführen müssen, um dann das, was herauskommt, mit der gegebenen Situation zu vergleichen. Die Feuilletonisten tragen sich immer hinaus, um sich auszudrücken; wenn sie ein Höheres sich gleichgemacht haben, finden sie, daß sie ihm ähnlich sind; wenn sie fremden Schmuck angelegt haben, erkennen sie sich wieder. Die Dichter sind schon in der Natur enthalten, in deren Belieben es ist, sie auszudrücken. Lyrik liegt jenseits der günstigen Gelegenheit, daß Fichtenbäume träumen. Lyrik ist nicht die Prätension eines kleinen Ich, von der Natur angeschaut und bedient zu werden, sondern beruht auf einer Gegenseitigkeit, bei der auch dem Dichter die Augen übergehen. Die Bequemlichkeit, daß immer ein Sinniges folgt, wenn ein Inniges da ist, hat das deutsche Ohr verführt und unsäglichen Jammer über die Kunst gebracht. Schmach über eine Jugend, die davon nicht lassen will! Die Kunst als Zeitvertreib vertreibt uns die Ewigkeit. Die Natur gefällt uns, weil wir die schönen Dinge in ihr finden, die unsere Lieblinge hineingetan haben, indem sie sagten: Das ist wie wenn. Sie haben das Leben in Ornamente geschnitten; die schmücken nun unsere Leere. Der Fichtenbaum grünt nicht mehr, sondern träumt; was viel poetischer ist. Und es beglaubigt die Sehnsucht des Dichters, die sonst erst bewiesen werden müßte. Er sagt ganz einfach: Wenn dem Fichtenbaum so zumute wäre wie mir, so wäre mir so zumute wie dem Fichtenbaum, nämlich träumerisch.

*

Der Leser glaubt, daß ich mich über ihn lustig machen wolle, wenn ich ihm das Gedicht vom Tibetteppich empfehle. Als ob ich ihm nicht, wenn ich mich schon über ihn lustig machen wollte, lieber das Gedicht vom Fichtenbaum empfohlen hätte. Warum aber sollte ich mich denn über den Leser lustig machen? Ich nehme ihn viel ernster, als er mich. Ich habe nie dem Leben vorzuwerfen gewagt, daß es sich mit der deutsch-freisinnigen Politik oder der doppelten Buchhaltung über mich lustig machen wolle. Wenn der Ernst des Lebens wüßte, wie ernst das Leben ist, er würde sich nicht erfrechen, die Kunst heiter zu finden.

*

Manchmal lege ich Wert darauf, daß mich ein Wort wie ein offener Mund anspreche, und ich setze einen Doppelpunkt. Dann habe ich diese Grimasse satt und sähe sie lieber zu einem Punkt geschlossen. Solche Laune befriedige ich erst am Antlitz des gedruckten Wortes. Sie bewirkt oft den Verlust von dreitausend Bogen, die ich um alles in der Welt und mit dem Aufwand lächerlicher Kautelen den Augen eines Publikums entziehe, das sich dafür interessiert, was ich über die Revolution in Portugal zu sagen habe. Dann erfährt es, daß ich nichts darüber zu sagen habe, und nimmt mir die Enttäuschung übel. Das Publikum hat immer die größten

Themen. Aber wenn es erst ahnte, mit wie kleinen Sorgen ich mir inzwischen Zeit und Gesundheit vertreibe, es würde keinen Versuch mehr mit mir machen.

*

Das Wort hat einen Feind, und das ist der Druck. Daß ein Gedanke dem Leser der Gegenwart nicht verständlich ist, ist dem Gedanken organisch. Wenn er aber auch dem ferneren Leser nicht verständlich ist, so trägt eine falsche Lesart die Schuld. Ich glaube unbedingt, daß die Schwierigkeiten der großen Schriftsteller Druckfehler sind, die wir nicht mehr zu finden vermögen. Weil man bisher im Bann der journalistischen Kunstauffassung gemeint hat, die Sprache diene dazu, irgend etwas »auszudrücken«, so mußte man auch glauben, daß Druckfehler nebensächliche Störungen seien, welche die Information des Lesers nicht verhindern können. Den Stoff könnten sie nicht durchlöchern, die Tendenz nicht durchbrechen, der Leser erfahre, was der Autor gemeint hat, und dieser sei ein Pedant oder ein auf die äußere Form bedachter Ästhet, wenn er mehr verlange. Sie wissen nichts von dem, was der Autor erlebt, ehe er zum Schreiben kommt; sie verstehen nichts von dem, was er im Schreiben erlebt: wie sollten sie etwas von dem ahnen, was sich zwischen Geschriebenem und Gelesenem ereignet? Dies Gebiet romantischer Gefahren, wo alle Beute des Gedankens wieder vom Zufall oder dem lauernden Intellekt der Mittelsperson abgenommen wird, ist unerforscht. Der Journalismus, dem dort aus einer freiwilligen Plattheit wenigstens eine unfreiwillige Drolligkeit entstehen mag, für die er dankbar sein sollte, spricht mit scherzendem Vorwurf von einem Druckfehlerteufel. Aber solche Seelen fängt er nicht. Sie leisten ihm ihren Tribut, es kommt ihnen nicht darauf an, denn ihr Reichtum ist unverlierbar. Arm ist der Gedanke. Er hat oft nur ein Wort, nur einen Buchstaben, nur einen Punkt. Eine Tendenz lebt, auch wenn der Teufel ihr ganzes Gehäuse davontrüge. Wenn er aber an eine Perspektive nur anstreift, dann hat er sie auch geholt.

*

Wenn in einem Satz ein Druckfehler stehen geblieben ist und er gibt doch einen Sinn, so war der Satz kein Gedanke.

*

Ich warne vor Nachdruck. Meine Sätze leben nur in der Luft meiner Sätze: so haben sie keinen Atem. Denn es kommt auf die Luft an, in der ein Wort atmet, und in schlechter krepiert selbst eines von Shakespeare.

*

O über die linke Midashand des Journalismus, die jeden fremden Gedanken, den sie berührt, in eine Meinung verwandelt! Wie soll man gestohlenes Gold reklamieren, wenn der Dieb nur Kupfer in der Tasche hat?

*

Der Kunst kommt es nicht auf die Meinung an, sie schenkt sie dem Journalismus zu selbstständiger Verwertung, und sie ist gerade dann in Gefahr, wenn er ihr recht gibt.

*

Mein Wort in der Hand eines Journalisten ist schlechter, als was er selbst schreiben kann. Wozu also die Belästigung des Zitierens? Sie glauben Proben eines Organismus liefern zu können. Um zu zeigen, daß ein Weib schön ist, schneiden sie ihm die Augen aus. Um zu zeigen, daß mein Haus wohnlich ist, setzen sie meinen Balkon auf ihr Trottoir.

*

Ein Werk der Sprache in eine andere Sprache übersetzt, heißt, daß einer ohne seine Haut über die Grenze kommt und drüben die Tracht des Landes anzieht.

*

Man kann einen Leitartikel, aber kein Gedicht übersetzen. Denn man kann zwar nackt über die Grenze kommen, aber nicht ohne Haut, weil die im Gegensatz zum Kleid nicht nachwächst.

*

Wenn man einem deutschen Autor nachsagt, er sei bei den Franzosen in die Schule gegangen, so ist es erst dann das höchste Lob, wenn es nicht wahr ist.

*

Ein Gedankenstrich ist zumeist ein Strich durch den Gedanken.

*

Es gibt eine Originalität aus Mangel, die nicht imstande ist, sich zur Banalität emporzuschwingen.

*

Wer nicht Temperament hat, muß Ornament haben. Ich kenne einen Schriftsteller, der es sich nicht zutraut, das Wort »Skandal« hinzuschreiben, und der deshalb »Skandalum« sagen muß. Denn es gehört mehr Kraft dazu, als er hat, um im gegebenen Augenblick das Wort »Skandal« zu sagen.

*

Wer sich darauf verlegt, Präfixe zu töten, dem gehts nicht um die Wurzel. Wer weisen will, beweist nicht; wer kündet, hat nichts zu verkünden.

*

In Berlin hat einer einen geschwollenen Hals. Das kommt vom vielen Silbenschlucken. Aber der Kopf geht bei solcher Tätigkeit leer aus.

*

Stil. Man kann nicht leugnen, daß dem Schriftsteller Bildung zustatten kommt. Wie schöne Gleichnisse lassen sich nicht gestalten, wenn man die Termini der verschiedenen Wissens= gebiete bei der Hand hat! Es kommt also darauf an, sich dieses Material zu beschaffen. Wahr= lich, man braucht es fast so notwendig wie Papier und Tinte. Aber haben Papier und Tinte einen schöpferischen Anteil am Werk? Bin ich kein Schriftsteller, wenn ich nicht die Vergleichswelten selbst bereist habe? Bin ich nicht imstande, den Gedanken durch Beziehung auf einen chemischen Vorgang zu erhellen, weil ich diese Beziehung bloß ahne und mir der Fachausdruck fehlt? Ich frage einen Gelehrten oder ich frage ein Buch. Aber in solchem Falle leistet auch das Fremd= wörterbuch alle Dienste. Eine Kennerschaft, die ich mir aus einem Fachwerk holte, würde die künstlerische Fügung sprengen und dem Schein der Erudition den Vorrang lassen. Es wäre die hochstaplerische Erschleichung eines Makels. Die Nahrung des Witzes ist eine landläufige Ration von Kenntnissen. Es darf ihm nicht mehr vor= gesetzt werden, als er verdauen kann, und un= mäßiges Wissen bringt die Kunst von Kräften. Sie setzt Fett an. Nun gibt es Literaten, denen es eben darauf ankommt. Ihnen ist die Bildung nicht Material, sondern Zweck. Sie wollen beweisen, daß sie auch Chemiker sind, wenn= gleich sie es nicht sind; denn Schriftsteller sind sie bestimmt nicht. Das Material kann man sich beschaffen wie man will, ohne der geistigen Ehrlichkeit etwas zu vergeben; die schöpferische Arbeit besteht in seiner Verwendung, in der Verknüpfung der Sphären, in der Ahnung des Zusammenhanges. Wer schreibt, um Bildung zu zeigen, muß Gedächtnis haben; dann ist er bloß ein Esel. Wenn er die Fachwissenschaft oder den Zettelkasten benützt, ist er auch ein Schwindler. Ich kenne einen Publizisten, der sich lieber die fünf Schreibefinger abhacken ließe, ehe er in einem politischen Leitartikel, der jene dürrste Tatsächlichkeit der Welt behandelt, die der Welt leider unentbehrlich ist, das Wort »Balkanwirren« gebrauchte. Er muß »Hämuskomödie« sagen. Und solche Geistesschweinerei findet im heutigen Deutschland Anklang! Eine typische Figur der Lokalchronik ist jener »Unhold«, der vor Schulen den herausströmenden Mädchen Dinge zeigt, die sie in diesem Alter noch nicht sehen sollen. Was bedeutet aber seine Schädlichkeit gegenüber einem Treiben, mit dem die Schulweisheit vor dem Leben exhibitioniert? Die unerhörte Zumutung, uns bei Besprechung der verworrensten Balkanfragen auch noch in die klassische Geographie verwickeln zu lassen, empfinden heute die wenigsten als Plage. Wäre es selbst kein Defekt, mit dem hier geprotzt wird, wäre der Anblick der Elephantiasis eines Gedächtnisses nicht abscheuerregend, so bliebe der Zustand noch immer als jene ästhetisierende Sucht beklagenswert, die der Fluch unserer Tage ist. Denn die Erörterung von Balkanwirren ist eine Angelegenheit des täglichen Hausbrauches und hat mit der Kunst, also auch mit der Literatur als der Kunst des Wortes, nicht das geringste zu schaffen. Aber jener ist ein Dichter. Er ist nicht im Mai geboren, sondern »unterm Weidemond«. Sein Kampf gilt nicht dem Kaiser, sondern einem »Zollernsproß«. Der nicht in Korfu manchmal weilt, sondern in Korypho. Als Politiker ist unser Mann kein Chamäleon, sondern er gleicht dem »Tier mit den zwei Pigmentschichten unter der Chagrinhaut«. Er enthüllt nicht das homosexuelle Vorleben seiner Gegner, sondern er »spreitet die Spinatgartenschande aus«; aber seine Gegner haben es sich selbst zuzuschreiben, denn sie haben zwar nicht den Verdacht päderastischen Umgangs erregt, aber der »Ruch der Männerminne haftet an ihnen«. Er will die Reichsfassade reinfegen. Aber sein Arbeitskittel ist ein wallendes Gewand, das ein Van de Velde entworfen hat, der Besen ist von Olbrich und die Hände tragen Schmuck von Lalique. Da geht denn die Arbeit nur schwer vonstatten, und sie gleicht eigentlich auch mehr jenem langwierigen Gastmahl des Trimalchio, in dessen Beschreibung es heißt: »Nun folgte ein Gang, welcher unserer Erwartung nicht entsprach; doch zog er durch seine Neuheit aller Augen auf sich«. Da gab es »einen runden Aufsatz, in welchem die zwölf himmlischen Zeichen in einem Kreis geordnet waren, auf deren jedes der Künstler eine Speise gelegt hatte, die ihm zukam«. Da gab es »einen Mischmasch von einem Spanferkel und anderem Fleische, und einen Hasen mit Flügeln, damit er dem Pegasus gleiche«. Und »in den Ecken des Aufsatzes vier Faune, aus deren Schläuchen Brühe, welche aus den Eingeweiden verschiedener Fische wohl zubereitet war, auf die Fische herunterfloß, die in einem Meeresstrudel schwammen«. Dazu erscholl eine Symphonie, und in der Mitte der Tafel stand ein gebackener Priap, der mit allerlei Arten von Obst und Trauben verziert war. Die Kuchen gossen einen balsamischen Duft aus und die Gäste »glaubten, daß etwas Heiliges darunter verborgen sei«, erhoben sich »und wünschten Glück dem erhabenen Vater des Vaterlandes«. Stimmt alles. Von dem Koch aber hieß es, er sei der kostbarste Kerl von der Welt: »wenn ihr es verlangt, so macht er aus einem Saumagen einen Fisch, aus Speck einen Baum, aus dem Schinken eine Turteltaube, aus den Eingeweiden eine Henne«. Heiliger Petronius — so arbeiten die Ornamentiker aller Zeiten und aller Gebiete! Und wir haben heute in Deutschland eine geistige Küche, von deren Erzeugnissen das Auge satt wird. Ein Bildungskünstler preßt die Leckerbissen von zehn Welten in eine Wurst ... Ach, meinem Stil wird zum Vorwurf gemacht, daß sich hart im Raume die Gedanken stoßen, während die Sachen doch so leicht bei einander wohnen. Und wer von mir Aufschluß über die Sachen erwartet, hat sicherlich recht, aus dem Gedankenpferch zu fliehen. Verweilt er aber, um ihn zu besehen, so wird er eine Architektur gewahren, in der um keine Linie zu viel, um keinen Stein zu wenig ist. Man muß nachdenken; das ist eine harte Forderung, meist unerfüllbar. Aber die Forderung, die der Berliner Bildungsornamentiker stellt, ist bloß lächerlich: man muß Spezialist in allen Fächern sein oder zum Verständnis eines Satzes zehn Bände eines Konversationslexikons wälzen. Der eine schlägt auf den Fels der nüchternsten Prosa, und Gedanken brechen hervor. Der andere schwelgt im Ziergarten seiner Lesefrüchte und in der üppigen Vegetation seiner Tropen. Hätte ich mein Leben damit verbracht, mir die Bildung anzueignen, die jener zu haben vorgibt, ich wüßte vor lauter Hilfsquellen nicht, wie ich mir helfen soll. Ein Kopf, ein Schreibzeug und ein Fremdwörterbuch — wer mehr braucht, hat den Kopf nicht nötig!

*

Die Wissenschaft könnte sich nützlich machen. Der Schriftsteller braucht jedes ihrer Fächer, um daraus den Rohstoff seiner Bilder zu beziehen, und oft fehlt ihm ein Terminus, den er ahnt, aber nicht weiß. Nachschlagen ist umständlich, langweilig und läßt einen zu viel erfahren. Da müßten denn, wenn einer beim Schreiben ist, in den andern Zimmern der Wohnung solche Kerle sitzen, die auf ein Signal herbeieilen, wenn jener sie etwas fragen will. Man läutet einmal nach dem Historiker, zweimal nach dem Nationalökonomen, dreimal nach dem Hausknecht, der Medizin studiert hat, und etwa noch nach dem Talmudschüler, der auch das philosophische Rotwelsch beherrscht. Doch dürften sie alle nicht mehr sprechen als wonach sie gefragt werden, und hätten sich nach der Antwort sogleich wieder zu entfernen, weil ihre Nähe über die Leistung hinaus nicht anregt. Natürlich könnte man auf solche Hilfen überhaupt verzichten, und ein künstlerischer Vergleich behielte seinen Wert, auch wenn in seiner Bildung die Lücke der Bildung offen bliebe und einem Fachmann zu nachträglicher Rekrimination Anlaß gäbe. Aber es wäre eine Möglichkeit, die Fachmänner des Verdrusses zu überheben und sie schon vorher einer ebenso nützlichen wie bravourösen Beschäftigung zuzuführen.

*

Wenn die Sprache zu einem Vergleich die Volkswirtschaft braucht und es stimmt in etwas nicht, so kann die Sprache nichts dafür. Der Volkswirt soll nachgeben.

*

Dient ein Name der satirischen Wirkung, so wird gern eingewendet, der Mann könne für seinen Namen nicht. Der Mann kann aber auch für seinen Talentmangel nicht. Und doch möchte ich glauben, daß er für diesen gezüchtigt werden muß. Nun würde man wieder einwenden, daß auch ein Genie so heißen könnte. Das wäre aber nicht wahr. Oder vielmehr wäre der Name dann nicht lächerlich. Hinwiederum könnte eine satirische Laune selbst an dem Namen Goethe, wenn ihn ein Tölpel geführt hätte, ein Haar finden. Wie an den Großen alles groß ist, so ist an den Lächerlichen alles lächerlich, und wenn ein Name eine Humorquelle eröffnet, so trägt der Träger die Schuld. Er heißt mit Recht so, und wenn er aus Verzweiflung in ein Pseudonym flüchtet, so wird ihn der Spott auch dort zu treffen wissen.

*

Man fragt mich manchmal, ob die Namen, die ich in meinen Satiren einführe, echt sind. Ich möchte sagen, daß ich die gefundenen erfinde. Ich gestalte die erfundenen aus dem Ekel der gefundenen. Ich gieße Lettern in Blei um, um daraus Lettern zu schneiden.

*

Wenn Polemik nur ein Meinungsstreit ist, so haben Beide Unrecht. Anders, wenn der eine die Macht hat, Recht zu haben. Dann hat der andere nicht das Recht, Recht zu haben. Keine Kunst bedarf so sehr der Natur, die sie ermächtigt, wie die Polemik. Sonst ist sie ein Streit, der, auf die Gasse getragen, gegen die guten Sitten verstößt. Sie ist wahrlich ein Exzeß, den der Rausch nicht entschuldigt, sondern rechtfertigt.

*

Er meint nicht mich. Aber seine Unfähigkeit, sich so auszudrücken, daß er mich nicht gemeint hat, ist doch ein Angriff gegen mich.

*

Wie komme ich dazu, der Kollege von Leuten zu sein, die ohne inneren Beruf über Probleme des Sexuallebens schreiben? Viel lieber nenne ich den meinen Kollegen, der das schöpferische Geheimnis der Kakaofabrikation erlebt!

*

Wer von Berufswegen über die Gründe des Seins nachdenkt, muß nicht einmal so viel zustandebringen, um seine Füße daran zu wärmen. Aber beim Schuhflicken ist schon manch einer den Gründen des Seins nahe gekommen.

*

Wenn ich schreibe, muß ich mir immer eine gräßliche Stimme vorstellen, die mich zu unterbrechen sucht. Dieser Widerpart spricht wie irgendeiner, den ich einmal bei einer Theaterpremiere sich wichtig machen sah; er beugt sich über mich und warnt mich davor, mir Feinde zu machen; er grüßt mich aus Furcht, daß ich ihn einmal nennen könnte, ich danke ihm nicht; oder er ist ein Sozialpolitiker, der schlecht riecht, oder ein Historiker, der »Ei, siehe da« sagt oder sonst irgendein Vertrauensmann, den ich zu meinen geheimen Verhandlungen als Vertreter der Außenwelt zulasse. Es stellt sich sofort jene ausgesprochen musische Beziehung her, wie sie der echten Lyrik unentbehrlich ist. Man glaubt es nicht, in welche Verzückung ich so entrückt werde. Nicht faule Äpfel, faule Köpfe brauche ich zur Ekstase. Manche dieser Typen sind mir unentbehrlich geworden, und wenn ich nachts zur Arbeit komme, horche ich, ob nicht ein Mauschel schon im Papierkorb raschelt. Als ich meine Betrachtung »Rhythmus eines österreichischen Sommers« schrieb, hörte ich hinter mir ganz deutlich eine Frauenstimme, die immer wieder sagte: »Roserl ist zwar nicht offiziell, aber offizies verlobt«. Es ist eigentümlich, aber gerade das hat mich bei der Arbeit gehalten. Ich könnte zu jeder einzelnen Sache, die ich je geschrieben habe, ganz genau die Stimme wiedergeben, die sie mir eingesagt hat. Die Amerikafahrt des Männergesangvereins schien einer zu begleiten, der mir immerfort in die Rippen stieß und meinte: I bleib viel lieber doder. (Wie ich denn überhaupt verraten kann, daß mir alles, was ich je an Verdrießlichem mir über das Dasein vom Herzen geschrieben habe, in dem Worte »doder« seine Wurzel hat.) Ganz genau erinnere ich mich, wie es in meinem Zimmer zugegangen ist, als ich die Satire auf die Entdeckung des Nordpols verfaßte. Eben als ich mich betreffs des Herrn Cook auf die Seite der Skeptiker stellen wollte und schon die Witze machte, die dann einige Monate später auch die Idealisten gemacht haben, fuhr mir ein Vertreter der intelligenten Mittelklasse mit seinem Finger in meine Nase und sagte: »Lassen Sie's gut sein, es ist doch eine scheene Leistung!« »Daß der Nordpol entdeckt wurde, ist traurig«, entgegnete ich; »lustig ist dabei nur, daß er nicht entdeckt wurde«. »Lassen Sie's gut sein«, sagte es hinter mir, »er hat ihn entdeckt!« »Hat er ihn wirklich entdeckt?« fragte ich, um ganz sicher zu gehen und nichts zu überstürzen. »Er hat ihn effektiv entdeckt!«, fuhr es da auf, als wäre es von einer Tarantel gestochen. Ein abgeklärter Nachbar, der sich dreinmischte, sagte: »Der Cook ist natürlich der letzte Schwindler. Aber der Peary, den hab' ich sehr gut gekannt. Wir haben in den Vierzigerjahren täglich zusammen beim Leidinger Mittag gegessen und schon vorher an der Entdeckung Amerikas teilgenommen...« So entstand mir jene Arbeit.

*

Der Lyriker erstaunt jedesmal von neuem über ein Rosenblatt, wiewohl es dem andern gleicht, wie ein Rosenblatt dem andern. So muß der Satiriker jedesmal von neuem über eine Ungleichheit staunen, und möge sie der andern gleichen, wie eine Häßlichkeit der andern. Und er kann sogar aus einer und derselben hundert Gedichte machen.

*

Wunder der Natur! Die Kunstblumen des Herrn von Hofmannsthal, die um 1895 Tau hatten, sind nun verwelkt.

*

Im Epischen ist etwas von gefrorner Überflüssigkeit.

*

Ich habe gegen die Romanliteratur aus dem Grunde nichts einzuwenden, weil es mir zweckmäßig erscheint, daß das, was mich nicht interessiert, umständlich gesagt wird.

*

Der geistige Leser hat das stärkste Mißtrauen gegen jene Erzähler, die sich in exotischen Milieus herumtreiben. Der günstigste Fall ist noch, daß sie nicht dort waren. Aber die meisten sind so geartet, daß sie eine Reise tun müssen, um etwas zu erzählen.

*

Es gibt auch eine Zeitexotik, die der Unbegabung ganz ebenso zu Hilfe kommt wie die Behandlung ausländischer Milieus. Entfernung ist in jedem Fall kein Hindernis, sondern das Mimikry mangelnder Persönlichkeit.

*

Moderne Architektur ist das aus der richtigen Erkenntnis einer fehlenden Notwendigkeit erschaffene Überflüssige.

*

Die andern sind Reißbrettkünstler. Loos ist der Architekt der tabula rasa.

*

Sie legen ihm die Hindernisse in den Weg, von denen er sie befreien wollte.

*

Die Mittelmäßigkeit revoltiert gegen die Zweckmäßigkeit.

*

Zum ersten Mal fühlen die Kunstmaurer, wie sie das Leben als tabula rasa anstarrt. Das hätten wir auch gekonnt! rufen sie, nachdem sie sich erholt haben, während er vor ihren Schnörkeln bekennen muß, daß er es nie vermocht hätte.

*

Die beste Methode für den Künstler, gegen das Publikum Recht zu behalten, ist: da zu sein.

*

Kokoschka hat ein Porträt von mir gemacht. Schon möglich, daß mich die nicht erkennen werden, die mich kennen. Aber sicher werden mich die erkennen, die mich nicht kennen.

*

Der rechte Porträtmaler benützt sein Modell nicht anders, als der schlechte Porträtmaler die Photographie seines Modells. Eine kleine Hilfe braucht man.

*

Er malt unähnlich. Man hat keines seiner Porträts erkannt, aber sämtliche Originale.

*

An einem wahren Porträt muß man erkennen, welchen Maler es vorstellt.

*

Er malte die Lebenden, als wären sie zwei Tage tot. Als er einmal einen Toten malen wollte, war der Sarg schon geschlossen.

*

Varieté. Der Humor der Knockabouts ist heute der einzige Humor von Weltanschauung. Weil er tieferen Grund hat, scheint er grundlos zu sein wie die Aktion, die er bietet. Grund‹ los ist das Lachen, das er in unserer Region auslöst. Wenn ein Mensch plötzlich auf allen Vieren liegt, so ist es eine primitive Kontrast‹

wirkung, der sich schlichte Gemüter nicht entziehen können. Ein feineres Verständnis setzt schon die Darstellung eines Zeremonienmeisters voraus, der auf dem Parkett hinplumpst. Es wäre die ad absurdum-Führung der Würde, der Umständlichkeit, des dekorativen Lebens. Diesen Humor zu verstehen, bietet die mitteleuropäische Kultur alle Voraussetzung. Der Humor der Clowns hat hier keine Wurzel. Wenn sie einander auf den Bauch springen, so kann bloß die Komik der veränderten Lage, des unvorhergesehenen Malheurs verfangen. Aber der amerikanische Humor ist die ad absurdum-Führung eines Lebens, in dem der Mensch Maschine geworden ist. Der Verkehr spielt sich ohne Hindernisse ab; darum ist es plausibel, daß einer zum Fenster hereingeflogen kommt und zur Tür wieder hinausgeworfen wird, die er gleich mitnimmt. Das Leben ist eben ungemein vereinfacht. Da der Komfort das oberste Prinzip ist, so versteht es sich von selbst, daß man Bier haben kann, wenn man einen Menschen anzapft und ein Gefäß unter die Öffnung hält. Die Leute schlagen einander mit der Hacke auf den Schädel und fragen zartfühlend: Haben Sie das bemerkt? Es ist ein unaufhörliches Gemetzel der Maschinen, bei dem kein Blut fließt. Das Leben hat einen Humor, der über Leichen geht, ohne wehzutun. Warum diese Gewalttätigkeit? Sie ist bloß eine Kraftprobe auf die Bequemlichkeit. Man drückt auf einen Knopf, und ein Hausknecht stirbt. Was lästig ist, wird aus dem Weg geräumt. Balken biegen sich auf Wunsch, alles geht flott von statten, müßig ist keiner. Nur ein Papierschnitzel will auf einmal nicht parieren. Es bleibt nicht liegen, wenn man es der Bequemlichkeit halber hingeworfen hat, es geht immer wieder in die Höhe. Das ist ärgerlich, und man sieht sich gezwungen, es mit dem Hammer zu bearbeiten. Noch immer zuckt es. Man will es erschießen. Man sprengt es mit Dynamit. Ein unerhörter Apparat wird aufgeboten, um es zu beruhigen. Das Leben ist furchtbar kompliziert geworden. Schließlich geht alles drunter und drüber, weil irgend ein Ding in der Natur sich dem System nicht fügen wollte ... Vielleicht ein Fetzen Sentimentalität, den ein Defraudant aus Europa herübergebracht hatte.

*

Der Bürger duldet nichts Unverständliches im Haus.

*

Es gilt, der Weltbestie Intelligenz, an deren Haß der Künstler stirbt, aber von deren Haß die Kunst lebt, den Genickfang zu geben.

*

Die vor Bildern grinst und Bücher über die Achsel liest, die sich durch Unglauben ihre

Überlegenheit vor Gott und durch Frechheit ihre Sicherheit vor dem Künstler beweist!

*

Der Erzähler ist für die Leute da? Wenn die Abende lang werden? Man kürze sie ihnen anders! Ihnen noch etwas erzählen? Bevor die Nacht kommt, etwas Spannendes? Etwas in Lieferungen? Strychnin und die Folter! Der Abend dauert zu lange.

V
Von zwei Städten

Nichts da, ich bin kein Raunzer; mein Haß gegen diese Stadt ist nicht verirrte Liebe, sondern ich habe eine völlig neue Art gefunden, sie unerträglich zu finden.

*

Es gibt ein Zeitgefühl, das sich nicht betrügen läßt. Man kann auf Robinsons Insel gemütlicher leben als in Berlin; aber nur, solange es Berlin nicht gibt. 1910 wirds auf Robinsons Insel ungemütlich. Automobiltaxameter, Warmwasserleitung und ein Automat für eingeschriebene Briefe beginnen zu fehlen, auch wenn man bis dahin keine Ahnung hatte, daß sie erfunden sind. Es ist der Zeit eigentümlich, daß sie die Bedürfnisse schafft, die irgendwo in der Welt schon befriedigt sind. Um das Jahr 1830 wars ja schöner, und darum sind wir Feinschmecker dabei geblieben. Aber indem wir uns bei der Schönheit beruhigen, macht uns das Vakuum von achtzig Jahren unruhig.

*

In einem Trödlerladen kann ich nicht wohnen. Lieber bin ich beim Parvenu zu Gast, der imstande ist, die ganze alte Kultur zu kaufen.

*

Der Österreicher hat wohl deshalb das Gefühl, daß ihm nichts geschehen kann, weil ihn das Bewußtsein, auf dem Aussterbeetat geboren zu sein, vor Überraschungen behütet.

*

Ich muß den Ästheten eine niederschmetternde Mitteilung machen: Alt-Wien war einmal neu.

*

Wien hat eine schöne Umgebung, in die Beethoven öfter geflüchtet ist.

*

Die Großstadt soll der Individualität eine Umgebung sein. Aber wehe, wenn sie selbst Individualität hat und eine Umgebung braucht.

*

Das Reich ist im Stil seiner Häuser gebaut: unbewohnbar, aber schön. Man hat für Loggien gesorgt, aber man kann mit Stolz sagen, daß man die Aborte vergessen hat. Wir haben es fein: bei uns stinkts in der Loggia.

*

Berolin putzt alle Flecke.

*

Das österreichische Leben hat eine Ent-
schädigung: Die schöne Leich.

*

Mir träumte neulich, die Völker Europas
wahrten ihre heiligsten Güter gegen die schwarz-
gelbe Gefahr.

*

Die Politik betrügt uns mit deutsch-öster-
reichischen Sympathiewerten. Aber außer Trink-
sprüchen und Libretti gibt es nichts, was ein
geistiges Einverständnis zwischen den Völkern
bewiese. Diplomaten und Theateragenten sind
um die Annäherung bemüht. Die draußen
wissen denn auch von einem geheimnisvollen
Reich, wo Itzig und Janosch den Ton angeben,
und lieben uns für den Zuschuß von Husaren-
blut und Zigeunerliebe, den der Berliner Arbeits-
tag empfängt. Ein zwischen der Ringstraße und
den Linden fluktuierendes Theaterjudentum be-
zeugt und vertritt unser Geistesleben vor Deutsch-
land. Was sagt die Politik dazu, daß aus
Österreich kein Buch hinauskommt, wenn es
nicht in Musik gesetzt ist? Die Wiener Pro-
venienz ist so odios, daß man sie nur den Er-
zeugnissen des Schwachsinns und der Lumperei
verzeiht. An diesen erkennt man wenigstens
den Ursprung und gibt die Echtheit zu. Aber
welch übermenschliche Anstrengung kostet es,
einem Kolporteur österreichische Literatur als

Geschenk aufzudrängen! Was sagt die Politik dazu, daß die ‚Fackel‘, die längst danach ringt, in Österreich nicht mehr notorisch zu sein, nach zehn Jahren erst das zu werden beginnt, was sie ist: eine deutsche Tatsache?

*

Berlin und Wien: Im Wesenlosen schaffe ich, woran mich das Unwesen hindert.

*

Die Blutprobe mag ergeben, daß der Süd= länder wertvoller ist. Aber er hält mich auf, und ist doch nicht wertvoll genug, als daß es sich lohnte. Der Berliner, aufgehalten, würde sich als wertlos herausstellen. Aber seine Quali= tät ist, sich nicht zum Stehen bringen zu lassen, und seine Eile fördert mich. Ich gelange dort= hin, wo Schwung und Farbe aus dem nüchternen Leben bricht, und wo das Ideal wächst, an dem zu schaffen die Kultur der mittelmäßigen Betrüger uns verhindert, nicht ohne darin vom deutschen Idealismus bestärkt zu sein.

*

In der Kunst bedeutet das Niveau nichts, die Persönlichkeit alles. Im äußeren Leben ist es umgekehrt. Der Berliner möchte die Kunst mit Niveau, der Wiener den Verkehr mit Persönlichkeit durchhalten.

*

Ich habe schon gesagt, daß das Berliner Volk die Austern selbst ißt, die das Wiener Volk essen zusehen will, und daß dies der Grund ist, warum man dort ungestört Austern essen kann und das Aufsehen sich infolgedessen mehr den geistigen Vorzügen zuwendet. Ich wollte damit nicht sagen, daß Volk nicht Volk sei und daß es nicht überhaupt den Hang habe, Austern essen zu sehen. Aber da die Nordsee für Ablenkung gesorgt hat, sind Verkehrsstörungen in Berlin aus solchen Ursachen glatt unmöglich. Ich glaube, daß es der ganze Unterschied ist und daß diese Erkenntnis die Herren der Mühe entheben müßte, sich weitere kulturästhetische Gedanken zu machen.

*

Gegen das Buch gegen Berlin: Ein Kulturmensch wird lieber in einer Stadt leben, in der keine Individualitäten sind, als in einer Stadt, in der jeder Trottel eine Individualität ist.

*

In Wien stellen sich die Nullen vor den Einser.

*

Kempinski. Zu einem Werke werde ich nie gelangen. Ich möchte meine Lebensanschauung zu einem philosophischen System ausbauen und es »Kempinski« nennen. Wenn dieses Werk erscheint, müßten sämtliche Berliner Kultur ästheten und Wiener Gastwirte, Herr Scheffler und der grade Michl, Selbstmord begehen aus Reue über ein verpfuschtes Leben. Ich würde in diesem Buch von Trinkgeldern, die eingeteilt werden, und Speisen, die ausgehen, ausgehen und zu dem Nachweise kommen, daß die systematische Zerreibung des Nervenlebens an den äußeren Winzigkeiten, die individuelle Drapierung der Notwendigkeiten mit Hindernissen zur kulturellen Ohnmacht führt. Ich würde das älteste und von aller Humorlosigkeit mißbrauchte Material des Sperrsechserls nicht scheuen, um die geistige Linie nach Königgrätz zu ziehen. Ich würde zeigen, daß ein ungeistiges Volk das äußere Leben, Gehen, Fahren, Essen, mit Gefühl und Temperament durchtränkt und mit all dem, was es an der Kunst erspart. Ich würde: die Qualen des Wiener Tags nicht aus dem Gefühlswinkel brummiger Zärtlichkeit betrachten, wie es dem Herrn Bahr gelingt, und noch einigen Linzerischen Buam, die sich jetzt in den Feuilletons breit machen und mir meine Probleme platt treten; nicht als Beschwerden behandeln, denen abzuhelfen ist und nach deren Beseitigung wir definitiv ins Paradeisgartel der Kultur gelangen, sondern als Symptome eines unheilbaren Volkscharakters. Schildern, wie mir in diesem Kreuz- und Kreuzerland das Leben verrinnt in der bangen Pause, da ich entdecke, daß der Zahlkellner schon befriedigt ist, aber geholt werden muß, um zu wechseln, weil noch drei andere zu versorgen sind. Nachmessen, um wieviel hier ein Mensch, der denkt, täglich herunter gebracht werden muß, damit die Instrumente sich individuell, malerisch, jodlerisch, drahrerisch, schieberisch ausleben können und die Passanten ein Vergnügen haben. Darstellen, wie der Wiener aufs Trockene käme, wenn das Leben glatt ginge, wie das Hindernis selbst seine Lebensnotwendigkeit ist, wie er die Ratlosigkeit braucht, um vom Kellner aus ihr befreit zu werden, sechs Kellner, um eine Ansprache zu haben; wie er darauf angewiesen ist, beim Verdauen die Romantik zu suchen, die er sich in anderen Lebensverhältnissen versagen muß, zwischen Tafelspitz und Grieszweckerl alle Erlebnisse, Abenteuer, Überraschungen, Enttäuschungen durchzumachen und noch im Ansagen bei der Rechnung die Pietät für das Papperl zu genießen. Zeigen, wie diese Phantasten der Notdurft nicht nur die Konterfeis ihrer maßgebenden Gastwirte in ihren Zeitungen nicht entbehren können, sondern wie sie zu Voyeuren werden vor der Einladung: »Täglich das weltberühmte Backhühneressen. Hochachtungsvoll Vincenz Deierl.« Nachweisen, wie die kulturelle und ästhetische Überanstrengung der verfilzten Rassen zur Schaffung der häßlichsten Gesichter geführt hat, deren man auf dem Erdenrund habhaft werden kann, und wie das Getorkel eines Straßenbahnwagens fast ein Symbol dieser durcheinandergeschüttelten Nationen ist und bezeichnend für die Lage der Deutschen in Österreich bei romanisch=slawisch= meseritscher Überfüllung. Ich würde dem lokalen Größenwahn, der das Leben nicht in Inneres und Äußeres, sondern — für Hunger und Liebe — in Vorderes und Hinteres einteilt, verraten, daß die Echtheiten, die er gepachtet hat, samt und sonders, inklusive Kipfel, in Berlin längst überholt sind. Daß das Berliner Prinzip heute selbst die Echtheit umfaßt, wie= wohl sein kultureller Sinn in der traumhaften Unechtheit, in der fieberflüchtigen Markierung äußerer Lebenswerte beruht, in der Stellung eines Rahmens, der Raum läßt für schöpferische Geistigkeit. Daß die Demokratisierung der Dinge und nicht der Kunst, die Mechanisierung des äußeren Lebens der Weg ist zu einer inneren Kultur. Daß in den Zeiten der geistigen Not das Berliner Leben eine Pontonbrücke ist. Daß der Künstler in Wien höchstens aus dem Über= druß schöpft und Wien nicht länger erträgt, als das Erlebnis des Ärgers produktiv bleibt. Daß er dann aus dem Unwesen in die Wesenlosig= keit sich rettet. Daß der Tonfall des Berliner Tages die Selbstverständlichkeit ist, die alles Neue amalgamiert, während wir hier täglich das Alte ungewohnt finden, die Tradition beglotzen, auf die Vergangenheit hoffen und als Trocken= wohner baufälliger Häuser uns fortfretten. Ich würde die Zauberformel Berlins finden: Das, worüber man hinwegkommen muß, ist nicht das Ziel. Lebensmittel sind nicht Lebenszweck. Wenn das Pflaster gut und billig ist, ist die Siegesallee nicht gefährlich. Otto der Faule, aus einem Automobil gesehen, ist ein Kunstwerk neben einer Parlamentsgöttin aus Stearin, an der man in einem Hupferl vorbei muß. Essen, um zu leben, nicht leben, um zu essen. Essen müssen, um gute Nerven haben zu können, aber nicht gute Nerven haben müssen, um essen zu können. Es kann dort nicht geschehen, daß der Wirt sein eigener Stammgast ist. Nicht in der Kultur und nicht im Lokal. Und Kempinski, ein Wohltäter der Menschheit, der Menschen, die noch etwas anderes zu tun haben, dazu verholfen hat, auf gefahrlose Art zur Verrichtung ihrer Notdurft zu gelangen, ist gestorben, ohne daß man ihm beweisen konnte, daß er gelebt hat. Wäre die Speise dort wirklich so schlecht, wie unser Rindfleischwahn sich einbildet, sie wäre besser, weil sie ohne Pathos und mit Schonung des Nervenlebens geboten wird, während wir, Romantiker der Notwendigkeit, immer unbefriedigt bleiben, weil die Kalbsbrust mit dem Anspruch auf unser Herz gereicht wird und durch keine Vollkommenheit für solche Belästigung entschädigen könnte. Ich würde beschreiben, wie der Wiener mit dem angeborenen Grauen vor der »Abfütterungsanstalt« zu

Kempinski kommt, an der Aussicht, einen Platz zu finden, verzweifelt, und so schnell gegessen hat, daß ihm die Frage an das Schicksal: »Was können Sie mir empfehlen?« für immer in der Kehle stecken bleibt. Tisch 109, Kellner 57, das macht: Gast 6213. Aber dieser kann in dem Choral der Maschinen seinem eigenen Gedanken nachleben, während der einsame Gast im Wiener Vorstadtbeisel sein eigenes Wort nicht hört. Ich würde die Idyllen der Leipziger Straße schildern und die Gefahren der Himmelpfortgasse. Und es risse mich hin, dieser antiquierten Schönheitssucht, die sich in krummen Gassen weidet, die Poesie der graden Linie vorzuziehen und diesem Leben, das auf Krücken zu seinen Wundern kriecht, das Leben der mysteriösen Selbstverständlichkeit.

*

Das Wiener Leben ist nach dem schlechten Witzblatt gezeichnet. Das Merkmal beider: die Unbeweglichkeit der Figuren.

*

Was Berlin von Wien auf den ersten Blick unterscheidet, ist die Beobachtung, daß man dort eine täuschende Wirkung mit dem wertlosesten Material erzielt, während hier zum Kitsch nur echtes verwendet wird.

*

Wahrlich, ich sage euch, eher wird sich Berlin an die Tradition gewöhnen als Wien an die Maschine.

*

Das ungemütliche Leben wird gemütlich, wenn es in einen neuen Betrieb gespannt wird; denn die technische Entwicklung dient der Vereinfachung des Lebens und also der Gemütlichkeit. Nur dort, wo es schon gemütlich war, muß das Leben durch die Maschine ungemütlich werden. Darum ist es sinnlos, in einer Stadt Telephonverbindungen zu suchen, in der eh die Dienstmänner da sind, oder ein Automobil zu besteigen, das erst gschmiert werden muß oder dessen Chauffeur jaust oder gar bstöllt ist. Töricht aber ist es, der Gemütlichkeit einen Vorwurf zu machen. Die Maschine hat den Pallawatsch verschuldet.

*

Ich kenne ein Land, wo die Automaten Sonntagsruhe haben und unter der Woche nicht funktionieren.

*

Die Vision vom Wiener Leben. Könnte ich hier doch Visionen haben! Aber es ist kein Platz dafür unter den Hirngespinsten, die hier leben. Ist nicht der Irrsinn der Welt hier eingesperrt? Wenn man ankommt, trägt eine Individualität den Koffer in einen abgesonderten Raum, wo grüne Persönlichkeiten ihn ohne

Wunsch und Neugier stumm betrachten. Was es bedeutet, erklärt der Träger mit dem Wort »Verzehrungssteuer«, das wie Verzierungssteuer klingt. Er könnte in diesem Dialekt auch »Tattwamasi« sagen. Denn die Erkenntnis von der Zwecklosigkeit alles äußeren Lebens steht am Eingang. Dann hört man ein Gegröhle. Es entsteht, weil ein Philosoph ein Roß lenken soll, die ihm begegnenden Philosophen nicht ausweichen wollen, und setzt sich fort in einen Disput darüber, daß du nicht selbstlos genug bist und einem Manne, der Familienvater ist und dich ohnedies nicht überhalten will, die zu einem beschaulichen Leben notwendigen Mittel verkürzest. Ich kenne das. Ich bin ein Instrument in den Händen der höher Organisierten. Als Passagier bin ich für die Kutscher da. Haben sie mich zu einer Fahrt gemietet und ist es mir gelungen, mit der Klinke den Wagenschlag zu öffnen und wieder zu schließen, so öffnet eine fremde Persönlichkeit mit nackten Füßen ihn noch einmal, läßt Wind und Regen ein und verlangt dafür und weil es ihr ohne meine Hilfe gelingt, den Wagenschlag zu öffnen und wieder zu schließen, Belohnung. Als Esser bin ich für die Gastwirte da, die auch leben wollen. Als Bestohlener für die Polizei. Als Bürger für den Staat. Als Raucher ein Zündstein für den Raucher. Als Privatmann diene ich dem Betrachter. Die einzige Entschädigung, die ich habe, ist, daß auch ich die grauen Haare an der Schläfe des Herrn Pollak zählen kann. Ich fühle mich unter einem Theaterpublikum, das im Zwischenakt in lauter Bekannte zerfällt, die Familienneuigkeiten austauschen. Ich höre die Frage: »Was, heuer nicht nach St. Moriz?«, die Versicherung: »Der verdient auch schon hübsch«, die Feststellung: »Bunzl hat sich getauft« und den Ausruf: »Auf Kramer soll ich sagen!« Ich fliehe in die Isolierzelle, um zu telephonieren. Hier bin ich einsam und empfange die Geräusche der ganzen Stadt. Ein Ozean des Wahnsinns musiziert in der Telephonmuschel. »Reservieren Sie 26 doppelbreit — du, hörst du, grüß mir die Steffi — 9982 — 9182? — 9982 — Also 9983 — So verbinden Sie mich doch endlich mit Stelle III von 437 — Aber Sie sind ja doch mit Stelle II von 525 verbunden ...« Die Stadt liegt am Fuße jedes ihrer Bewohner. Jeder scheint das Weichbild in seiner besonderen Art zu umgeben, rebenbewachsen, sonnig, eine lohnende Partie. Ensembles, Komparserie, Massen gibt es nicht. Umzüge bestehen aus Hofopernsängern, die sich bereit erklärt haben, zugunsten des Pensionsfonds im Chor mitzuwirken. Am ersten Mai unterscheide ich eine dicke Frau von einer dünnen, einen dünnen Mann von einem dicken. Sie leben alle, als ob sie vom Schönpflug verzeichnet wären. Wer geht, steht. Die Pferde hängen in der Luft. Oder sie kreuzen fidel die Beine wie die Kutscher. Die Ringstraße ist von einem gut gezwirbelten Schnurrbart ausgefüllt. Man kann nicht vorbei, ohne anzustoßen. Das Leben vergeht, ehe er sich entfernt hat. Der Mann ist höher als das Haus im Hintergrund: Er verdeckt den Himmel. Das Leben rings ist tot. Ich ging durch die verlängerte Kärntnerstraße. Eine Rauchwolke sti in die Nacht. Allmählich zeigten sich die Ko_ turen. Ein Einspänner stand da und tat es mitten auf der Straße. Er fragte, ob ich fahren wolle. Ich erschoß mich.

VI
Zufälle, Einfälle

In dieser Spelunke, in der ungarische Pferde-
diebe ihre Chancen tauschen, in diesem Qualm
von Tabak und Wucher, höre ich zwischen
teschek und betschkerek plötzlich das Wort:
Glaukopis. Breitmäulig gesprochen, aber mit
einer Wirkung, die mich durch die Jahrtausende
reißt. Schnell wieder komme ich zur Besinnung,
da mir einfällt, daß die Göttin ein Rennpferd
sein dürfte.

*

Der Teufel ist ein Optimist, wenn er glaubt,
daß er die Menschen schlechter machen kann.

*

Die Mystiker übersehen manchmal, daß Gott
Alles ist, nur kein Mystiker.

*

Ein metaphysisches Wesen sieht, wie es im
Kinematographen zuckt. Die hier glauben an
Entwicklung, wenn der Lebensfilm der Persönlich-
keit abgewickelt wird.

*

»Zeitraum«: das ist ein Quodlibet der Ewigkeit. Man versuche einmal, sich ohne Kopfschmerzen die Raumzeit vorzustellen.

*

Der Unsterbliche erlebt die Plage aller Zeiten.

*

Karriere ist ein Pferd, das ohne Reiter vor dem Tor der Ewigkeit anlangt.

*

Schein hat mehr Buchstaben als Sein.

*

Wie ungeschickt das böse Gewissen ist! Wenn nicht mancher den Hut vor mir zöge, wüßte ich nicht, daß er Butter auf dem Kopf hat.

*

Wenn ich nicht wirklich ein so gutes Gedächtnis hätte, könnte es geschehen, daß ich mich an alle Leute erinnere, die mich erinnern.

*

Ein Gourmet sagte mir: was die Crême der Gesellschaft anlange, so sei ihm der Abschaum der Menschheit lieber.

*

Herbst in Ischl: Die Witterung hat den Unbilden des Publikums getrotzt. Ich komme immer erst hin, wenn schon die Abende lang werden. Dann ist auch der lange Tag nicht mehr fern, der die Kurgäste in der Großstadt versammelt. Der

Regen hat die Promenaden gesäubert, den letzten Wucherer weggeschwemmt, und frei atmet der Wald nach dem Hingang einer Menschheit, die der Librettist nach seinem Ebenbilde, wenn auch nach einer fremden Idee erschaffen hat.

*

Ich möchte mein Dasein von ihrem Dabeisein sondern.

*

Wiewohl ich viele Leute gar nicht kenne, grüße ich sie nicht.

*

Die kleinen Stationen sind sehr stolz darauf, daß die Schnellzüge an ihnen vorbei müssen.

*

Ein Schein von Tiefe entsteht oft dadurch, daß ein Flachkopf zugleich ein Wirrkopf ist.

*

Ein Gehirn, das bloß ausspricht, was ist, aber nicht was scheint.

*

Einer zitierte gern Jean Pauls Wort, daß jeder Fachmann in seinem Fach ein Esel sei. Er war nämlich in allen Fächern zuhause.

*

Der Dilettantismus ist ebenso untüchtig wie die Kunst. Wenn er sich nicht mit der Geldgier verbündet hätte, würde das Publikum auch von ihm nichts wissen.

*

Die Nachwelt wird ihnen vorenthalten, was die Mitwelt an ihnen gut gemacht hat.

*

Auf den Pegasus machen sich jetzt viele Roßtäuscher Hoffnung.

*

Ein Original ist heute, wer zuerst gestohlen hat.

*

Ein Plagiator sollte den Autor hundertmal abschreiben müssen.

*

Die jungen Leute sprechen so viel vom Leben, weil sie es nicht kennen. Es würde ihnen die Rede verschlagen.

*

Als ich las, wie ein Nachahmer das Original pries, war es mir, als ob eine Qualle ans Land gekommen wäre, um sich über den Aufenthalt im Ozean günstig zu äußern.

*

Er hatte so eine Art sich in den Hintergrund zu drängen, daß es allgemein Ärgernis erregte.

*

Ein Wolf im Wolfspelz. Ein Filou, unter dem Vorwand es zu sein.

*

Er hat einmal gemein gehandelt: daraus kann man noch nicht auf seinen Charakter schließen. Dann aber hat er doch wieder edel gehandelt, und jetzt vermute ich, daß er ein gemeiner Kerl ist.

*

Haß muß produktiv machen. Sonst ist es gleich gescheiter, zu lieben.

*

Es ist die äußerste Undankbarkeit, wenn die Wurst das Schwein ein Schwein nennt.

*

Manche haben den Größenwahn verrückt zu sein und sind nur untergeschnappt.

*

Medizinischer Sinnspruch: Was den Vätern alte Hosen, sind den Söhnen die Neurosen.

*

Der Skeptizismus hat sich vom »Que sais-je?« bis zum »Weiß ich?« entwickelt.

*

Der neue Vater: »Mein Sohn tut nicht gut. Er ist Mystiker.«

*

Allerorten entflieht man dem Druck des Philisteriums. Ich kannte eine, die heimlich vom Theater durchgegangen ist, um nach Hause zu kommen.

*

Im Liebesleben der Menschen ist eine vollständige Verwirrung eingetreten. Man begegnet Mischformen, von deren Möglichkeit man bisher keine Ahnung hatte. Einer Berliner Sadistin soll kürzlich das Wort entfahren sein: Elender Sklave, ich befehle dir, mir sofort eine herunterzuhauen!.. Worauf der betreffende Assessor erschrocken die Flucht ergriffen habe.

*

Der Eros von Wien: Unter dem Vorwand, daß jedes Weibi ein Mandi brauche, hatte er sich ihr genähert, worauf sie nicht umhin konnte Gehns weg Sie Schlimmer! zu sagen. Nachdem er aber erklärt hatte, daß er viel lieber doder bleibe, ersuchte sie ihn, wenigstens nicht zu nahe an ihre Gspaßlaberln anzukommen, weil ein Pamperletsch die unausbleibliche Folge wäre und das zuhause einen schönen Pallawatsch gäbe. Er aber bat sie, keine Spompernadeln zu machen, denn sie sei mudelsauber und er zu allem eher geschaffen als zum Simandl. Deshalb ließ er sich nicht länger zurückhalten, und Pumpstinazi da wars aus und gschehn. Er sagte ihr infolgedessen, daß sie ein Schlampen sei, und ging dorthin, wo ein Wein sein wird und mir wer'n nimmer sein. Als sie ihn noch vor Ablauf dieser Frist an seine Pflicht mahnte, dachte er: gar net ignorieren!

*

Wenn einer keine Jungfrau bekommen hat, ist er ein gefallener Mann, er ist fürs ganze Leben ruiniert und hat mindestens Anspruch auf Alimente.

*

Ich stelle mir vor, daß ein unvorsichtiger Konsistorialrat bei der Liebe Pech hat und sich die Masern zuzieht.

*

Die einzige erotische Hemmung, die nicht erotisch verwertet werden kann, ist die Vorstellung des Votanten bei der Verhandlung des Erkenntnissenats.

*

»Eine ungarische Lebedame in Paris wegen unsittlichen Lebenswandels verhaftet«: die Schlange im Paradies muß sich einmal in den Schwanz gebissen haben.

*

Die Nächstenliebe ist nicht die beste, aber immerhin die bequemste.

*

Raum ist in der kleinsten Hütte, aber nicht in derselben Stadt für ein glücklich liebend Paar.

*

Ich bin nicht für die Frauen, sondern gegen die Männer.

*

Brunes et blondes: so einfach ist die Teilung der Pariser Welt. Ein Zweifel kann nur bestehen, ob les femmes oder les bières gemeint sind.

*

Ihr Gesicht — ein mittelmäßiges Ensemble, in dem die Nase hervorragt.

*

Ich kannte einen Don Juan der Enthaltsamkeit, dessen Leporello nicht einmal imstande war, eine Liste der unnahbaren Weiber zusammenzustellen.

*

Ein Knockabout warf einen Zahnstocher hinter die Kulisse. Da gab es einen Krach. Dann warf er eine Stecknadel hinter die Kulisse. Da gab es einen Krach. Dann warf er ein Stückchen Papier hinter die Kulisse. Da gab es wieder einen Krach. Da nahm er eine Flaumfeder, hob die Hand auf und — da gab es abermals einen Krach. Aber er hatte noch gar nicht geworfen. Da machte er Etsch! und freute sich, wie er die Kausalität gefoppt hatte. Das Wesen dieses Humors ist, daß das Echo menschlicher Dinge stärker ist als ihr Ruf, und daß man dem Echo seine Vorlautheit am besten beweist, wenn man ihm mit keinem Ruf antwortet.

*

Der Fortschritt läßt sich durch Verbote nicht aufhalten. Im Engadin dürfen keine Automobile verkehren. Was ist die Folge? Daß die Droschkenkutscher Huppensignale geben.

*

Der Fortschritt muß ein Zimmerputzer sein: er bewegt sich und kommt nicht vom Fleck und macht dennoch ein Parkett blank. Was ihn aufrecht hält, das ist der äußere Glanz und ein Schein von Freiheit.

*

Das Wesen des Diplomaten setzt sich aus zwei Vorstellungen zusammen: Dejeuner und Courtoisie. Was drüber ist, das ist vom Übel.

*

Der österreichische Liberalismus umfaßte mit gleicher Liebe die alten Achtundvierziger und die alten Dreiundsiebziger. Das ergab dann so ziemlich im Durchschnitt die alten Sechsundsechziger.

*

Den Polen wurde die Weltgeschichte zum Exekutionsgericht. Aber sicher nur, weil sie einen Termin versäumt, einen Gang unterlassen, eine Formalität nicht erfüllt haben. Die Pfändungskosten waren größer als die Schuld.

*

Es gibt Persönlichkeiten im Staat, von denen man nichts anderes weiß, als daß sie nicht beleidigt werden dürfen.

*

Auch der Wurm krümmt sich, wenn er getreten wird. Wenn er aber von einem Wachmann getreten wird, begeht er öffentliche Gewalttätigkeit.

*

Die Furcht vor der Presse ist bei Schauspielern kein Laster, sondern eine Eigenschaft.

*

Die Sozialpolitik muß ein Ritus sein. Ich kenne welche, die ganz so aussehen, als ob sie die Schächter des goldenen Kalbes wären.

*

Eine der verbreitetsten Krankheiten ist die Diagnose.

*

Der Druckfehler ist nicht von guten Eltern: der Zufall hat ihn mit der Intelligenz gezeugt. Aber manchmal kann er sich sehen lassen. Zum Beispiel bestritt er die Behauptung eines Professors, ein großer Teil der Frauen habe keine sinnlichen Triebe und gebe sich dem ehelichen Leben nur dem Mann zuliebe hin — indem er sagte: dem ehelichen Leben und dem Mann zuliebe. Von der Wiener Kunstkritik meinte jemand, sie sei die Werbetrommel zum Künstlerhasse. Der Druckfehler bestätigte es und sagte: zum Künstlerhause. Den geschwollenen Satz eines pathetischen Leitartiklers von dem innern Hader, der sich an die Stelle des Festens dränge, parierte er mit der Behauptung, es sei immer der Harden, der sich an die Stelle des Fechters dränge. In solchen Fällen kann man sich eben auf die Druckerei verlassen.

*

Im weiten Reich der Melodienlosigkeit ist es schwer, als Plagiator erkannt zu werden.

*

Kultur kommt von kolo, aber nicht auch von Moser.

*

Es war eine Zeit des Liberalismus, der Makart das äußere Gepräge gab. Damals hatten auch die Wucherer ein malerisches Aussehen und glichen somit aufs Haar den Künstlern von heute.

*

Die Ästheten hatten es sich eingeteilt. Dem Doktor Arthur gehörte das Sterben, dem Richard das Leben, dem Hugo die Votivkirche mit dem Abendhimmel, dem Poldi die Ambrasersamm= lung und dem Felix alles das zusammen und noch viel mehr und auch die Renaissance.

*

Der Romane ist auf dem halben Weg zum Künstler und darum dem ganzen Künstler im Weg.

*

Wenn die Italiensehnsucht befriedigt ist, kann es leicht geschehen, daß man noch nicht genug hat und einen preußischen Schutzmann umarmt.

*

Wenn man die künstlerische Empfänglichkeit des Pariser Publikums bedenkt und staunend die geschwungene Linie dieses romanischen Lebensgefühls verfolgt, so gelangt man bis zu einem Punkt, wo der Absturz eines Omnibus von einer Seinebrücke nur mehr eine Frage der Zeit ist.

*

Österreichische Grenze: es wird gemütlich, man muß sich die Tasche zuhalten.

Italienische Grenze: es wird romantisch, man muß sich auch die Nase zuhalten.

Deutsche Grenze: es wird sicher, man kann sich auf Abenteuer einlassen.

*

Wenn ihn der Kutscher nur ansieht, springt der Taxameter.

*

Er hatte eine Art »Zahlen!« zu rufen, daß es der Kellner für eine Forderung hielt und erst recht nicht kam.

*

Ich kenne einen Humorlosen, der immer auf=
geregt ist. Er kocht ohne Wasser; das Email
stinkt schon.

*

Es gibt Menschen, die ganz genau so aus=
sehen, wie unser aller Gymnasialkollege aus der
letzten Bank.

*

Ich esse gierig aus Gier nach dem Nichtessen.

*

Einer, der mir Erinnerungen zu erzählen an=
fing, hatte dabei eine Stimme, die knarrte wie
das Tor der Vergangenheit.

*

Ich lasse den Wachmann nach der Musik,
die er verbietet, tanzen.

*

Sein Lachen ist ein Regulativ des Irrsinns
der Welt.

*

In einem Zimmer mit Aussicht auf das Meer
hat mich am ersten Morgen ein Choral geweckt.
Ein Geräusch von Brandung und Predigt, und
ich weiß nicht mehr, wie es kam, daß ich wieder
einschlief und von den Kreuzzügen träumte.
Unten riß Bernhard von Clairvaux das Volk
hin. Immer wieder klang es wie »Spondeo« und
wie »Benedicamus domino«. Dann unverständ=
lich und dumpf wie zum Tag des Gerichts der
Ruf »Porelebá! Porelebá!«, der mich aus dem

Schlaf riß. Es war wie die gereckte Faust einer fanatisierten Menge, Weh und Wut war darin. Und dennoch drang eine sanfte Stimme durch, die unaufhörlich »Delimel! Delimel!« klagte, wie Philomelens oder eines Kindes, das im heiligen Gedränge die Mutter verloren hatte. Es war, als ob die Menschheit auf der Wanderung wäre. Ich horchte angestrengt hin und glaubte nun etwas zu unterscheiden wie »Lömatän! Löschurnal!«. Da riß sich einer los, ekstatisch, und rief mit unerhörter, zur Tat aufreißender Entschlossenheit: »Sésonostánd!« Aber das Brausen verschlang auch ihn, und die Antwort war wieder nur »Porelebá! Porelebá!« und immer wieder mit der seltsamen Kraft der Seele und schon verzagend: »Delimel! Delimel!« Nun aber schien sich alles zu sammeln, es stieg wie Dank zum Himmel hinauf und eine Stimme sang »Exzelsior!« Da — ich weiß nicht, wie mir wird — löst sich etwas wie »Kölnische, Frankfurter!«, und wie wenn das finstere Mittelalter von meiner Stirn wiche, ruft es: »Neue Freie Presse, Neues Wiener Tagblatt, Neues Wiener Journal!« Ich öffne das Fenster und lasse Gottes Wunder einströmen.

*

Und wenn die Erde erst ahnte, wie sich der Komet vor der Berührung mit ihr fürchtet!

VII

Pro domo et mundo

Weh der Zeit, in welcher Kunst die Erde
nicht unsicher macht und vor dem Abgrund,
der den Künstler vom Menschen trennt, dem
Künstler schwindlig wird und nicht dem Men=
schen!

*

Kunst bringt das Leben in Unordnung. Die
Dichter der Menschheit stellen immer wieder
das Chaos her.

*

Der Ausweg: Wenn die Menschen für die
Erfindung eines Vehikels Ideale und Leben ge=
opfert haben, nimm das Vehikel, um den Leichen
zu entfliehen und den Idealen näher zu kommen!

*

Die Revolution gegen die Demokratie voll=
zieht sich im Selbstmord des Tyrannen.

*

Die Kultur endet, indem die Barbaren aus
ihr ausbrechen.

*

Der moderne Weltuntergang wird sich so vollziehen, daß gelegentlich der Vervollkommnung der Maschinen sich die Betriebsunfähigkeit der Menschen herausstellt. Den Automobilen gelingt es nicht, die Chauffeure vorwärts zu bringen.

*

Der Fortschritt feiert Pyrrhussiege über die Natur.

*

Der Fortschritt macht Portemonnaies aus Menschenhaut.

*

Die Zeiten starben am Fett oder an der Auszehrung. Die hier will den Tod durch eine überernährte Armut foppen.

*

Immerhin haben wir siebzig freisinnige Abgeordnete. Das ist viel, wenn man bedenkt, daß es nur noch zehn Tagpfauenaugen gibt.

*

Nach der Entdeckung des Nordpols und nachdem sich wieder einmal gezeigt hat, wie leichtfertig die Menschheit wissenschaftliche Verpflichtungen eingeht, hat sie es wohl verdient, wegen weltgerichtlich erhobenen Schwachsinns unter die Kuratel der Kirche gestellt zu werden.

*

Wenn eine Kultur fühlt, daß es mit ihr zu Ende geht, läßt sie den Priester kommen.

*

Nach Goethe:
Wer Kunst und Religion besitzt, der hat auch Wissenschaft.
Wer diese beiden nicht besitzt, der habe Wissenschaft.

*

Es ist Freiheit notwendig, um zur Erkenntnis zu gelangen. Aber in dieser sind wir dann mehr eingesperrt als im Dogma.

*

Es wäre mehr Unschuld in der Welt, wenn die Menschen für all das verantwortlich wären, wofür sie nicht können.

*

Wer weiß, was bei uns zuhause vorgeht, wenn niemand im Zimmer ist? Man kann freilich nicht wissen, ob es Geister gibt. Denn sie sind eben in dem Augenblick, wo das Wissen beginnt, auch schon vertrieben.

*

Spiritismus ist der Versuch, die Fenster von der Gasse zu öffnen. Es ist umso unmöglicher, als sie ohnedies offen stehen und wir so oft vor dem Anblick erschrecken können, wie die im Hause uns anblicken. Damit hat man genug zu tun; und zerbreche sich nicht den Kopf an den Mauern. Es gibt ein Jenseits, das mit dem Tode endet.

*

Die wahre Metaphysik beruht in dem Glauben, daß einmal Ruhe wird. Der Gedanke an eine Auferstehung der Fleischer widersteht ihr.

*

Entwicklung ist Zeitvertreib für die Ewigkeit. Ernst ists ihr nicht damit.

*

Wenn schon etwas geglaubt werden soll, was man nicht sieht, so würde ich immerhin die Wunder den Bazillen vorziehen.

*

Der Weltschmerz ist die Gicht des Geistes. Aber man spürt es wenigstens, wenn das schlechte Wetter kommt.

*

Wenn die ersten Enttäuschungen kommen, genießt man den Lebensüberdruß in vollen Zügen, man ist ein Springinsfeld des Todes und leicht bereit, dem Augenblick alle Erwartung zu opfern. Später erst reift man zu einer Gourmandise des Selbstmords und erkennt, daß es immer noch besser ist, den Tod vor sich als das Leben hinter sich zu haben.

*

Die Gerechtigkeit ist immer gerecht. Sie meint, daß das Recht ohnedies Recht habe; folglich gibt sie's dem Unrecht.

*

In der Welt ist immer die Lust, ein Herz zu kränken, weil eine Tasche beleidigt war.

*

Die Gesetzlichkeit spricht sowohl die Verantwortlichen schuldig als die, die nichts dafür können.

Die Humanität spricht die Verantwortlichen schuldig und die Unverantwortlichen frei.

Die Anarchie spricht beide frei.

Die Kultur spricht die Unverantwortlichen schuldig und die frei, die etwas dafür können.

*

Über das Ziel sind wir einig. Auch ich trage ein Paradeisgartel in meinem Herzen, das ich der Friedrichstraße entschieden vorziehe. Aber ich weiß keinen anderen Weg, um dorthin zu gelangen.

*

Ich und der Dichter des Geschlechts standen vor einer Schaubude und betrachteten den Automaten, der den Fremierschen Gorilla mit dem Weib darstellte. Der Gorilla drehte den Kopf und fletschte die Zähne. Das Weib in seinen Armen atmete schwer. Ich sah das Weib. Der Dichter drehte den Kopf und fletschte die Zähne.

*

Phantasie macht nicht Luftschlösser, sondern Luftschlösser aus Baracken.

*

Die Widersprüche im Künstler müssen sich irgendwo in einer höheren Ebene treffen, und wäre es dort, wo Gott wohnt.

*

Die Sonne hat Weltanschauung. Die Erde dreht sich. Widersprüche im Künstler sind Widersprüche im Betrachter, der nicht Tag und Nacht zugleich erlebt.

*

Den Autoren wird jetzt geraten, Erlebnisse zu haben. Es dürfte ihnen nicht helfen. Denn wenn sie erleben müssen, um schaffen zu können, so schaffen sie nicht. Und wenn sie nicht schaffen müssen, um erleben zu können, so erleben sie nicht. Die andern aber tun beides zugleich, die Künstler. Und ihnen ist nicht zu raten und nicht zu helfen.

*

Kunst ist das, was Welt wird, nicht was Welt ist.

*

Der Künstler soll mehr erleben? Er erlebt mehr!

*

Der Künstler soll dem Hörer Konzessionen machen. Darum hat Bruckner eine Symphonie dem lieben Gott gewidmet.

*

Zwei Läufer laufen zeitentlang,
der eine dreist, der andre bang:
Der von Nirgendher sein Ziel erwirbt;
der vom Ursprung kommt und am Wege stirbt.
Der von Nirgendher das Ziel erwarb,
macht Platz dem, der am Wege starb.
Und dieser, den es ewig bangt,
ist stets am Ursprung angelangt.

*

Wer seine Haut zu Markt getragen, hat mehr Recht auf Empfindlichkeit, als wer dort ein Kleid erhandelt hat.

*

Ich und die tagläufige Presse: wir verhalten uns wie der Regen und die Wasserspritze. Sie ist pünktlich und abwendbar.

*

»Wenn du den Angriff gegen A. nicht geschrieben hättest, so würde er deine Werke loben.« Hätte ich aber alle andern Werke schreiben können, wenn ich, um ihnen zu nützen, eines unterlassen hätte?

*

Wenn nur einer da ist, der die Presse nicht totschweigt — das weitere wird sich finden.

*

Ich glaube nicht, daß ich zu jenen Autoren zähle, für deren Verbreitung dreißig Jahre, nachdem sie außer Stand gesetzt sind, Honorar zu bekommen und Korrekturen zu lesen, der Staat gesorgt hat. Sollte es wider Wunsch und Erwarten dennoch der Fall sein, daß auch an mir diese Wohltat versucht wird, und sich also ein Verleger oder Drucker finden, der um das Honorar zu bekommen an meiner Statt die Korrekturen nicht liest, so nehme er meinen Fluch als Vorwort, schon heute, also zu einer Zeit, wo ich es noch redigieren kann. Denn mir liegt auch dreißig Jahre nach meinem Tode mehr an einem Komma, das an seinem Platz steht, als an der Verbreitung des ganzen übrigen Textes. Und gerade darum glaube ich, daß ich zu jenen Autoren zähle, die vom Ablauf der Schutzfrist, welche der Staat aus Rücksicht auf die Popularität nur mit dreißig Jahren bemessen hat, nicht das geringste für ihre Ruhe zu befürchten haben.

*

Es ist Lohn genug, unter dem eigenen Rad zu liegen.

*

Ich habe keine Mitarbeiter mehr. Ich war ihnen neidisch. Sie stoßen mir die Leser ab, die ich selbst verlieren will.

*

Ich hätte Lampenfieber, wenn ich mit jedem einzelnen von den Leuten sprechen müßte, vor denen ich spreche.

*

Wenn ich vortrage, so ist es nicht gespielte Literatur. Aber was ich schreibe, ist geschriebene Schauspielkunst.

*

Ich kann nicht mehr unter dem Publikum sitzen. Diese Gemeinschaft des Genießens und Intimität des Begreifens, dieses Erraten der Gaben und Verlangen der Zugaben, dieses Wissen um den Witz und dieses Nichtwissen, daß sie damit noch nicht den Autor haben, dieses Verständnis und Einverständnis — nein, ich könnte es bei meinen Vorlesungen nicht aushalten, wenn ich nicht oben säße.

*

Viele, die in meiner Entwicklung zurück= geblieben sind, können verständlicher aussprechen, was ich mir denke.

*

Wenn mich jetzt einer verdächtigt, schützt mich die Distanz. Jetzt schneide ich das Glas mit einem Diamanten: noch immer ist es nur Glas. Wie aber könnte Glas den Diamanten ritzen? Ein peinliches Geräusch, geistigen Dingen mit Verdächtigung der Motive beizukommen!

*

Die Schwäche, die den ohnmächtigen Drang zur Schlechtigkeit hat, traut mir diese ohne weiteres zu. Sie würde es nicht begreifen, wie man mit solchen Mitteln so wenig Ehrgeiz verbinden kann.

*

Zu den schlechten Beispielen, die gute Sitten verderben, gehören die guten Beispiele. Glaubt man, daß ein Feigling hundert Mutige verführen könnte? Aber noch ehe einer dazu kommt, seinen Mut zu beweisen, haben sich an ihm schon hundert als Feiglinge bewährt.

*

Es tut mir im Herzen weh, wenn ich sehe, daß der Nutzen des Verrats an mir geringer ist als der Schaden meiner Verbindung.

*

Von einer Fackel fällt hin und wieder etwas ab. Ein Klümpchen Pech.

*

Daß Knaben aus einer unverständigen Ver=
ehrung für meine Geste durch irgendwelchen

Rückschlag zu einer unverständigen Kritik meines Inhalts gelangen, bin ich gewohnt; und ich brenne weiter, wenngleich die Motten dagegen sind. Daß die Talente ihre ersten journalistischen Gehversuche machen, indem sie mich stampfen, ist mir bekannt; und ich bleibe stehen. Sie bedenken nie, daß zum Angreifen eines Angreifers zwei gehören. Ich bin ja da, aber wo ist der andere, nachdem er mich bezwungen hat? Auch zum Sadismus gehören zwei, sonst artet er in Roheit aus, und zu dieser könnte mich selbst die Nächstenliebe nicht hinreißen. Ich warte immerzu auf den Feind, der außer dem Vergnügen, mich zu hassen, noch eine individuelle Existenzberechtigung hätte. Dann würden die Hiebe, die ich austeile, auch mir ein Vergnügen sein.

*

Ein Knirps stand dicht vor mir und erwartete eine Ohrfeige. Ich schlug aber nach hinten, traf einen wassergefüllten Koloß, und beide lagen da. Ich hatte Schlag- und Schallwirkung genau berechnet.

*

Was man mir als Einwand bringt, ist oft meine Prämisse. Zum Beispiel, daß meine Polemik an die Existenz greift.

*

Ich habe dennoch nie eine Person um ihretwillen angegriffen, selbst dann nicht, wenn sie mit Namen genannt war. Wäre ich ein Journalist, so würde ich meinen Stolz darein setzen, einen König zu tadeln. Da ich aber dem Gewimmel der Kärrner zu Leib gehe, so ist es Größenwahn, wenn sich ein Einzelner getroffen fühlt. Nenne ich einen, so geschieht es nur, weil der Name die plastische Wirkung der Satire erhöht. Meine Opfer sollten nach zehn Jahren künstlerischer Arbeit so weit geschult sein, daß sie das einsehen und das Lamentieren endlich aufgeben.

*

Der Satire Vorstellungen machen, heißt die Verdienste des Holzes gegen die Rücksichtslosigkeit des Feuers ins Treffen führen.

*

Ungerechtigkeit muß sein; sonst kommt man zu keinem Ende.

*

Zu meinen Glossen ist ein Kommentar notwendig. Sonst sind sie zu leicht verständlich.

*

Ich bin bereit, dem kleinsten Anlaß zu viel Ehre zu erweisen, sobald mir dazu etwas einfällt.

*

Ich betrachte es als mein unveräußerliches Recht, das kleinste Schmutzstäubchen, das mich berührt, in die Kunstform zu fassen, die mir beliebt. Dieses Recht ist ein dürftiges Äquivalent gegenüber dem Recht des Lesers, nicht zu lesen, was ihn nicht interessiert.

*

Die Satire wählt und kennt keine Objekte. Sie entsteht so, daß sie vor ihnen flieht und sie sich ihr aufdrängen.

*

Kann ich dafür, daß die Halluzinationen und Visionen leben und Namen haben und zuständig sind?

*

Kann ich dafür, daß es den M. wirklich gibt? Habe ich ihn nicht trotzdem erfunden? Wäre er Objekt, ich wählte besser. Erhebt er Anspruch, von der Satire beleidigt zu sein, beleidigt er die Satire.

*

Ich wähle den Stoff nicht, ich ziehe ihn vom Stoffe ab und wähle den Rest.

*

Wäre der Inhalt meiner Glossen Polemik, so müßte mich der Glaube, die Menge der Kleinen dezimieren zu können, ins Irrenhaus bringen.

*

Der Tropf, der nicht nur kein Weltbild hat, sondern es auch nicht sieht, wenn es ihm die

Kunst entgegenbringt, muß von einer satirischen Synthese so viel zu seinem Verständnis abziehen, daß ein nichts übrig bleibt, denn dieses versteht er, und er gelangt auf dem ihm gangbaren Wege der Vereinzelung bis zu den Anlässen, die der Satiriker hinter sich gelassen hat, er identifiziert sich liebevoll mit dem Detail, gegen das sich nach seiner Meinung der Satiriker gewendet hat. Der Tropf muß sich auch durch eine Satire getroffen fühlen, die ihm nicht gilt oder weitab von seiner Interessensphäre niedergeht.

*

Ich weiß nicht, ob der Philister ein Vakuum im Weltenraume vorstellt oder ob er nur die Wand ist, die von dem Geist durch eine Toricellische Leere getrennt bleibt. Aber ob Minus oder Schranke, er muß gegen die Kunst prinzipiell feindselig reagieren. Denn sie gibt ihm ein Bewußtsein, ohne ihm ein Sein zu geben, und sie treibt ihn in die Verzweiflung eines cogito ergo non sum. Sie würde ihn zum Selbstmord treiben, wenn sie nicht die Grausamkeit hätte, ihn bei lebendigem Leibe zum Beweise seiner Nichtexistenz zu zwingen. Ob ein Bild gemalt oder ein Witz gemacht wird, der Philister führt einen Kampf ums Dasein, indem er die Augen schließt oder sich die Ohren zuhält.

*

Ein Witz kann noch durch die stoffliche Erheiterung für die tiefere Bedeutung entschädigen. Ist der Philister aber von der Partei derer, denen auch die stoffliche Beleidigung gilt, so wird er rabiat.

*

Das Verhältnis der Satire zur Gerechtigkeit ist so: Von wem man sagen kann, daß er einem Einfall eine Einsicht geopfert habe, dessen Gesinnung war so schlecht wie der Witz. Der Publizist ist ein Lump, wenn er über den Sachverhalt hinaus witzig ist. Er steht einem Objekt gegenüber, und wenn dieses der polemischen Behandlung noch so unwürdig war, er ist des Objektes unwürdiger.

*

Der Satiriker kann nie etwas Höheres einem Witz opfern; denn sein Witz ist immer höher als das was er opfert. Auf die Meinung reduziert, kann sein Witz Unrecht tun; der Gedanke hat immer Recht. Er stellt schon die Dinge und Menschen so ein, daß keinem ein Unrecht geschieht.

*

Der Gedanke richtet die Welt ein, wie der Bittere den verdorbenen Magen: er hat nichts gegen das Organ.

*

Die Satire ist fern aller Feindseligkeit und bedeutet ein Wohlwollen für eine ideale Gesamtheit, zu der sie nicht gegen, aber durch die realen Einzelnen durchdringt.

*

Es gibt keinen so Positiven wie den Künstler, dessen Stoff das Übel ist. Er erlöst von dem Übel. Jeder andere lenkt davon nur ab und läßt es in der Welt, welche dann das schutzlose Gefühl umso härter angreift.

*

Es ist halt ein Unglück, daß mir zu jedem Lumpen etwas einfällt. Aber ich glaube, daß es sich immer auf einen abwesenden König bezieht.

*

Ein Zündhölzchen, das ich angezündet hatte, gab einen Schein. Und aus wars, als ich blies.

*

Viele, mit denen ich in einem vielfachen Leben verkehrt habe, haben etwas gegen mich, wissen etwas gegen mich. Und sie werden auch etwas gegen mich beweisen können: daß ich mit ihnen verkehrt habe.

*

Die Sintflut kommt, ich lebe in der Arche Noahs. Man kann es mir also nicht verübeln, daß ich auch von dem Vieh nach seiner Art und von allerlei Gewürme auf Erden nach seiner Art in den Kasten aufgenommen habe.

*

Meine Mängel gehören mir. Das macht mir Mut, auch meine Vorzüge anzusprechen.

*

Wer wird denn einen Irrtum verstoßen, den man zur Welt gebracht hat, und ihn durch eine adoptierte Wahrheit ersetzen?

*

Um einen Irrtum gutzumachen, genügt es nicht, ihn mit einer Wahrheit zu vertauschen. Sonst lügt man.

*

Die Welt will, daß man ihr verantwortlich sei, nicht sich.

*

Bei einem Ohr herein, beim andern hinaus: da wäre der Kopf noch immer eine Durchgangsstation. Was ich höre, hat bei demselben Ohr hinauszugehen.

*

Um schreiben zu können, muß ich mich den äußeren Erlebnissen entziehen. Der Souffleur ist laut genug in meinem Zimmer.

*

Wer Erlebnisse großen Formats braucht, wird von ihnen sicher zugedeckt. Ich führe Titanenkämpfe mit Beistrichen.

*

Ein Satz kann nie zur Ruhe kommen. Nun sitzt dies Wort, denke ich, und wird sich nicht mehr rühren. Da hebt das nächste seinen Kopf und lacht mich an. Ein drittes stößt ein viertes. Die ganze Bank schabt mir Rübchen. Ich laufe hinaus; wenn ich wiederkomme, ist alles wieder ruhig; und wenn ich unter sie trete, geht der Lärm los.

*

Je näher man ein Wort ansieht, desto ferner sieht es zurück.

*

Ich nähre mich von Skrupeln, die ich mir selbst zubereite.

*

Bin ich vor der Vollendung imstande einen Stümper um Rat zu fragen, so würde ich nachher keinen Meister um ein Urteil bitten.

*

Ich glaube nicht, daß ich mir vor der Arbeit den Rat des Weisen und nach dem Druck die Meinung des Lesers gefallen ließe. Aber zwischen Arbeit und Druck kann ich in einen Zustand geraten, in dem mir die Hilfe des Druckereidieners eine Erlösung bedeutet.

*

Frage deinen Nächsten nur über Dinge, die du selbst besser weißt. Dann könnte sein Rat wertvoll sein.

*

Was ein anderer nicht weiß, entscheide ich diktatorisch. Aber ich frage ihn gern über das, was ich weiß.

*

Der Schwache zweifelt vor der Entscheidung. Der Starke hernach.

*

Es ist gut, vieles für unbedeutend und alles für bedeutend zu halten.

*

Ich habe schon manches Stilproblem zuerst durch den Kopf, und dann durch Kopf und Adler entschieden.

*

Der Gedanke forderte die Sprache heraus. Ein Wort gab das andere.

*

Nur in der Wonne sprachlicher Zeugung wird aus dem Chaos eine Welt.

*

Kunst ist das Geheimnis der Geburt des alten Wortes. Der Nachahmer ist informiert und weiß darum nicht, daß es ein Geheimnis gibt.

*

Soll einer hergehn und soll einmal das Schluß-wort aus der Iphigenie stehlen: »Lebt wohl!«

*

Der Gedanke ist das, was einer Banalität zum Gedanken fehlt.

*

Meine Sprache ist die Allerweltshure, die ich zur Jungfrau mache.

*

Nachts am Schreibtisch, in einem vorgerückten Stadium geistigen Genusses, würde ich die Anwesenheit einer Frau störender empfinden als die Intervention eines Germanisten im Schlafzimmer.

*

Ich mische mich nicht gern in meine Privat-angelegenheiten.

*

Als mir der Drucker die Korrektur dieses Buches sandte, sah ich im Satzbild mein Leben eingeteilt. Ich nahm wahr, daß die Frau bloß zehn Seiten umfaßte, aber der Künstler dreißig. Er dankt es ihr.

*

Als man dieser schnarchenden Gegenwart zurief, daß einer zehn Jahre nicht geschlafen habe, legte sie sich aufs andere Ohr.

*

Ich habe gute Hoffnung, daß der Nährstoff der Verzweiflung noch für ein elftes Jahr reicht.

*

Mein Respekt vor den Unbeträchtlichkeiten wächst ins Gigantische.

*

Wenn ich doch einmal nur einem bescheidenen Dummkopf begegnete, der meine Sprache nicht versteht und darum an seinem Gehör zweifelt!

*

Die Blinden wollen nicht zugeben, daß ich Augen im Kopfe habe, und die Tauben sagen ich sei stumm.

*

Ich spreche von mir und meine die Sache. Sie sprechen von der Sache und meinen sich.

*

Wenn ich die Feder in die Hand nehme, kann mir nichts geschehen. Das sollte sich das Schicksal merken.

*

Ich bitte niemand um Feuer. Ich will es keinem verdanken. In Leben, Liebe und Literatur nicht. Und rauche doch.

*

Ich lasse mich nicht hindern zu gestalten, was mich hindert zu gestalten.

*

In mir empört sich die Sprache selbst, Trägerin des empörendsten Lebensinhalts, wider diesen selbst. Sie höhnt von selbst, kreischt und schüttelt sich vor Ekel. Leben und Sprache liegen einander in den Haaren, bis sie in Fransen gehen, und das Ende ist ein unartikuliertes Ineinander, der wahre Stil dieser Zeit.

*

Die Qual läßt mich nicht zur Wahl? Doch, ich wähle die Qual.

*

Mein Ausdruck ist ganz und gar die Laune der Umwelt, in deren Schwall und Gedränge mir von Namen und Arten, Stimmen und Mienen, Erscheinungen und Erinnerungen, Zitaten und Plakaten, Zeitungen und Gerüchten, Abfall und Zufall das Stichwort zufällt und jeder Buchstabe zum Verhängnis werden kann. Darum ist mein Werk nie fertig und macht mir, wenn es fertig ist, Verdruß. Bis es unabänderlich wurde, hielt es seine Mängel verborgen, und weil es unabänderlich ist, entblößt es sie. Seine Fehler und was ihm fehlt. Die Wunden brechen auf, wenn der Täter herantritt. Auf die Tage der Lust waren die Tage der Angst gefolgt, denn was leicht geschrieben ist, muß schwer korrigiert sein; so schwer, daß die Hinausgabe zum unsäglichen Opfer wurde. Nun, da es geschehen, folgen die Tage der Reue. Eine Maschine ist mir über den Kopf gegangen; ich hätte ihr entfliehen können. Wer vom Buchstaben lebt, kann vom Buchstaben sterben, ein Versehen oder der Intellekt des Setzers rafft ihn hin. Was ist aber dieser Tod, über den man sich mit der Unvollkommenheit menschlicher Einrichtungen tröstet, was ist ein Betriebsunfall gegen den Schmerz der nachgeborenen Gedanken? Dort nahm der Zufall, was der Zufall gegeben hat; hier wagte er mir etwas vorzuenthalten. Hier rennt jeder Augenblick mit Hiobsposten aus aller Wortwelt an das Unabänderliche. Es sind Binnenkorrekturen, deren Leid sich erst wieder in Lust am nächsten Werk verwandelt, oder sich im Troste beruhigt, daß die menschliche Natur fast so unvollkommen sei wie eine menschliche Einrichtung. Denn es galt ja das Chaos abzubinden und den bewegten Inhalt so zu umfassen, daß er

sich bewegend stehe. Wo aber auf dem Weg
zur Endgiltigkeit wäre ein Ende? Hat sich
das Wort mit der Welt eingelassen, so ist
sie unendlich. Zur Welt gekommen, schafft es
neue Welten, und das Anbot der Materie, ihr
Werben um Erhörung, hört nimmer auf. Es
heißt einen Strom auf zwei Armen in sein Haus
tragen, und der Künstler ist der Zauberlehrling,
nach dessen Willen die Schöpfung leben soll,
seit Gott aus ihr sich doch einmal wegbegeben
hat. Ach! und hundert Flüsse stürzen auf mich
ein — Ach! Nun wird mir immer bänger!
Welche Miene! welche Blicke! — Ach, ich merk'
es! Wehe! Wehe! Hab' ich doch das Wort
vergessen! . . . Vielleicht ist die Kunst, die mit
Geistesstärke Wunder tun will, wie sie nur,
zu seinem Zwecke, der alte Meister vermag, am
Ende die beschämteste unter allen menschlichen
Künsten. Vielleicht war solche Überhebung gar
nicht Kunst. Aber ob Kunst so hoch sei wie
ihr Wahn oder so klein wie ihr Anlaß: sie soll
erkannt sein, damit man sie nicht für Zeitvertreib
halte. Wie die unausgesetzte Lust des Weibes,
an der gemeinsten Reibfläche sich entflammend,
zwischen Ehrfurcht und Abscheu lebe, aber nicht
zum Vergnügen. Was wissen Lebemänner und
Journalisten davon! Ich aber weiß, daß die
Kraft zu fühlen oder die Kunst zu sagen erst
dort beginnt, wo die Gesellschaftsordnung ver=
zichtet. Und ich weiß, was meine Abhängigkeit

vom Staube wert ist. Irgendwie deutet hier etwas auf ein Urbild, das Menschenantlitz trug und später entstellt ward. Dieses Verwerten eines minderwertigen Materials, dieses Zuhilfekommen der Inspiration muß eine Beziehung haben. Diese konstante Anläßlichkeit, die aus der Mücke keinen Elefanten macht, aber ihr ihn assoziiert, wirkt den satirischen Überbau der vorhandenen Welt, die nur noch geschaffen scheint, ihn zu stützen, und mit all ihrer ruchlosen Vorhandenheit ihre Berechtigung tatsächlich erweist. Was aber der soziale Sinn an ihr auszusetzen findet, ist meinem Angriff entrückt, weil der Angreifer den Übeln entrückt ist, die der soziale Sinn für die wichtigeren hält. Denn was sich im Geist begibt, ist unbeträchtlich im Staat, dessen Dimensionen für die Probleme der Nahrung und Bildung geschaffen sind. Was die Gesellschaft nicht sieht, ist klein. Was sie nicht sehen könnte, besteht nicht. Wie klein ist ein Stern im Vergleich mit einem Orden; und was sich sonst im Kosmischen begibt, ist eine Ausflucht, wenn es sich um Politik handelt. Mir blutet das Weltbild von einem Kriegsbericht; und es ist gar nicht notwendig, daß die Humanität den Notschrei erhöre, den sie nicht hört und nicht verstünde, wenn sie ihn hörte.

*

Die Erlebnisse, die ich brauche, habe ich vor der Feuermauer, die ich von meinem Schreibtisch sehe. Da ist viel Platz für das Leben, und ich kann Gott oder den Teufel an die Wand malen.

*

Mache ich die Reporter verantwortlich? Das konnte man nie glauben. Die Institution? Das tat ich vor Jahren. Das Bedürfnis des Publikums? Auch nicht mehr. Wen oder was mache ich verantwortlich? Immer den, der fragt.

*

Der Tropf ist unfähig, das Weltbild, das der Satiriker gerade in den Belanglosigkeiten überrascht, zu erkennen, und reduziert es auf den unverantwortlichen Redakteur.

*

Wenn ich die Verlorenheit der Welt an ihren Symptomen beweise, so kommt immer ein Verlorener, der mir sagt: Ja, aber was können die Symptome dafür? Die müssen doch und tun's selbst nicht gern! — Ach, ich tu's auch nicht gern und muß doch.

*

Und aus dem letzten Eckchen eines Zeitungs‑ blattes, das noch unter meiner Lektüre liegt, lugt mir, da ich sie durchfliege, schon die Judasfratze des Jahrhunderts hervor, immer die‑ selbe, ob es sich um den Journalisten oder den

Mediziner, den Hausierer oder den Sozialpolitiker, den Spezereikommis oder den Ästheten handelt. Immer derselbe Stupor, vom Geschmack gekräuselt und mit Bildung gefettet. Im Frisiermantel der Zeit sind alle Dummköpfe gleich, aber wenn sie sich dann erheben und von ihrem Fach zu reden beginnen, ist der eine ein Philosoph und der andere ein Börsenagent. Ich habe diese unselige Fähigkeit, sie nicht unterscheiden zu können, und ich agnosziere das Urgesicht, ohne daß ich mich um die Entlarvung bemühe.

*

Je weniger ich weiß, desto besser errate ich. Ich habe nicht Soziologie studiert und weiß nicht, daß der Kapitalismus an allem schuld ist. Ich habe die christliche Entwicklung der jüdischen Dinge nicht studiert und weiß nicht, was gewesen ist. Aber ich lese in der Kleinen Chronik und weiß, was sein wird. Ich ergänze mir ein Zähnefletschen, eine Geste, einen Gesprächsfetzen, eine Notiz zu dem unvermeidlichen Pogrom der Juden auf die Ideale.

*

Es ist ein Jammer, daß nur die Intelligenz kapiert, was ich gegen sie auf dem Herzen habe. Das Herz versteht es nicht.

*

Die wahren Wahrheiten sind die, welche man erfinden kann.

*

Wer jetzt übertreibt, kann leicht in den Verdacht kommen, die Wahrheit zu sagen. Wer erfindet, informiert zu sein.

*

Aussprechen, was ist — ein niedriger Heroismus. Nicht daß es ist, sondern daß es möglich ist: darauf kommt es an. Aussprechen, was möglich ist!

*

Ich strebe inbrünstig nach jener seelischen Kondition, in der ich, frei von aller Verantwortung, die Dummheit der Welt als Schicksal empfinden werde.

*

Wer die Gesichte und Geräusche des Tages sich nicht nahe kommen läßt, dem lauern sie auf, wenn er zu Bette geht. Es ist die Rache der Banalität, die sich in meinen Halbschlaf drängt und weil ich mich mit ihr nicht einlassen wollte, mir die Rechnung zur Unzeit präsentiert. Schon hockt sie auf den Stufen des Traumes, dreht mir eine Shylocknase und raunt mir eine Redensart, von so irdischer Leere, daß in ihr der Schall einer ganzen Stadt enthalten scheint. Wer mischt sich da in mein Innerstes? Wen traf ich mit diesem Gesicht, wen, der solche Stimme hatte? Sie sägt den Himmel entzwei, ich falle durch die Ritze und wie ich so unten daliege, finde ich das Wort: »Jetzt bin ich aus dem Himmel gefallen«, ganz so als ob es keine der Redensarten wäre, die längst zum irdischen Schall verloren sind.

*

Viele werden einst Recht haben. Es wird aber Recht von dem Unrecht sein, das ich heute habe.

*

Ich arbeite Tage und Nächte. So bleibt mir viel freie Zeit. Um ein Bild im Zimmer zu fragen, wie ihm die Arbeit gefällt, um die Uhr zu fragen, ob sie müde ist, und die Nacht, wie sie geschlafen hat.

*

Das Leben ist eine Anstrengung, die einer besseren Sache würdig wäre.

*

Mir träumte, sie glaubten mir nicht, daß ich Recht habe. Ich behauptete, es wären ihrer zehn. Nein, zwölf, sagten sie. So viel Finger an beiden Händen sind, sagte ich. Da hob einer die Hand und siehe, sie hatte sechs Finger. Also elf, sagte ich und appellierte an die andere Hand. Und siehe, sie hatte sechs Finger. Schluchzend lief ich in den Wald.

*

Die Außenwelt ist eine lästige Begleit=erscheinung eines unbehaglichen Zustands.

*

Ich und das Leben: Die Affäre wurde ritterlich ausgetragen. Die Gegner schieden unversöhnt.

*

Menschsein ist irrig.

*

Wo sollte der nahe Tod sein Signal geben, wenn nicht dort, wo das Leben sitzt, im Geschlecht? Man hat bei Hingerichteten den letzten Vollzug der Wollust festgestellt. Aber neige dich über ein Treppengeländer, und du wirst die Stelle spüren, wo du sterblich bist. Nicht immer muß ein Weib der Abgrund sein, damit sich Gefahrlust melde, wie sie in fremdem Bett genossen wird. Wenn man dazu bedenkt, daß dort, wo der Tod steht, immer auch der Geist steht und daß es eine Spannung gibt vor dem Schlußpunkt, sei es des Lebens oder des Werkes, das Herzklopfen vor aller Vollendung, sei es in der Arbeit am Wort, an der Schwelle der Unabänderlichkeit, und sei es auch nur im Wettlauf von Schularbeit und Schulstunde oder im Streben an einer Kletterstange empor, wo Lust die Mühe lohnt, die ihr entgleitet — bedenkt man dies, so denke man, wie wenig es mit dem Weib zu schaffen hat, und lerne die Lust, die vom Weib nicht abhängt, nicht geringer achten. Das Weib ist unbequem, Vorstellung des Weibes ist nur bequeme Vorstellung des Unbequemen. Darf man so wenig Phantasie haben, um der

Vorstellung des Weibes zu seinem Glück zu bedürfen? Der Geist hat tiefere Wollust, als der Körper beziehen könnte. Irgendwie lebt er davon, daß Wollust die Mitgift des Weibes ist. Er muß es erlebt haben. Und empfängt etwas von jener durchwaltenden Seligkeit weiblichen Empfindens, welche die arme Pointe männlicher Lust beschämt. Der Zerknirschung am Ziel entweicht er zu den Wonnen des Weges. Jede Hemmung erhitzt ihn, und keinen Anteil an diesen Gluten hat selbst das Weib, das sie kühlen wird. Eine macht sich unerreichbar, um einen zu erreichen. Aber sie weiß nicht, daß sie es nicht heute ihrer Anwesenheit, sondern gestern ihrer Abwesenheit zu danken hat. Schließlich steigt Phantasie vier Treppen hoch, um das Weib nicht zu finden, und bis zum Himmel, ohne es zu suchen. Sie hat sich des Stoffs begeben. Aber sie hat die Form, in der der Gedanke wird und mit ihm die Lust. Sie ahnt, was keiner zu wissen vermag. Sie hat sich an der Wollust gebildet und konnte von da an, durch immer neue Erlebniskreise zu immer neuen Potenzen dringend, nie versagen, wenn ungeistige Begierde längst versagt hätte. Nun bedarf sie des Anlasses nicht mehr und läßt sich an sich selbst, und genießt sich im Taumel der Assoziationen, hier einer Metapher nachjagend, die eben um die Ecke bog, dort Worte kuppelnd, Phrasen pervertierend, in Ähnlichkeiten vergafft,

im seligen Mißbrauch chiastischer Verschlingung,
immer auf Abenteuer aus, in Lust und Qual,
zu vollenden, ungeduldig und zaudernd, immer
auf zwei Wegen zum Glück, bis sie vor dem
Abgrund, wo die Maschine lauert und das Un-
abänderliche beschlossen liegt, in Angst vergeht
und an einem Hingerichteten die letzte Wollust
vollzogen ist.

*

Widmung des Werkes

In tiefster Schuld vor einem Augenpaar,
worin ich schuf, was darin immer war,
geschaffen, kund zu tun, was es nicht weiß,
dem Himmel hilft es, macht der Hölle heiß.

In tiefster Ehrerbietung dem Gesicht,
das, Besseres verschweigend als es spricht,
ein Licht zurückstrahlt, das es nie erhellt,
der Welt geopfert, zaubert eine Welt.